KB037761

아들러의 말

아들러의 말

초판 1쇄 발행	2017년 7월 20일
지은이	알프레드 아들러
엮은이	정명진
펴낸이	정명진
디자인	정다희
펴낸곳	도서출판 부글북스
등록번호	제300-2005-150호
등록일자	2005년 9월 2일
주소	서울시 노원구 공릉로63길 14, 101동 203호(하계동, 청구빌라)
	01830
전화	02-948-7289
전자우편	00123korea@hanmail.net
ISBN	979-11-5920-064 9 03180

*잘못된 책은 구입하신 서점에서 바꾸어 드립니다.

Revolutionize your life!

아들러의 말

21세기에 더욱 빛을 발하는
아들러의 메시지!

알프레드 아들러(1870-1937)의 매력은 특별하다. 그가 본격 활동을 하던 때로부터 1세기도 더 지난 지금도 대중의 사랑을 듬뿍 받고 있으니 말이다.

그 매력의 원천은 무엇일까? 엮은이의 판단엔 아들러가 세상을 보는 관점에 있는 것 같다. 내과의사로 활동하다가 심리학 쪽으로 방향을 바꾸면서 아들러는 사람의 현재 모습이 아니라 미래에 어떤 모습으로 발달해야 하는가 하는 문제에 더 많은 관심을 기울였다. 말하자면 개인과 사회가 옳은 방향으로 나아가도록 이끄는 것이 아들러의 최대 관심사였던 것이다. 개인과 사회가 나아갈 방향이 옳은지를 판단하는 데는 어쩌면 심리학자가 적격일 것 같기도

하다. 여기서 말하는 옳은 방향은 곧 인류 전체의 행복을 약속하는 방향이다. 아들러가 옳거나 정당하거나 아름답다고 하는 것은 언제나 인류 전체의 관점에서, 또 영원의 관점에서 그렇다는 뜻이다.

아들러에겐 정신이 어디서 왔는가 하는 문제보다 정신이 어디로 향하는가 하는 문제가 더 중요하다. 건전한 사람의 정신은 자신만의 좁은 세계에서 벗어나서 공동체로, 더 나아가 인류 전체로 향할 수 있어야 한다는 뜻이다. 여기서 중요한 키워드가 바로 공동체 관심 혹은 사회적 감정, 사회적 관심이다. 갈수록 파편화되어 가는 21세기 들어서 아들러의 개인 심리학을 바탕으로 한 글들이 대중들 사이에 많이 읽히는 배경에는 이런 특별한 이유가 있는 것 같다.

그리고 아들러가 진화론적인 입장에서 정신세계에 접근하는 것도 설득력을 발휘하는 것 같다. 아들러에 따르면, 사람이 살면서 반드시 해결해야 하는 3가지 중대한 문제는 동료 인간과 직장, 사랑의 문제이다. 이런 삶의 문제들을 성공적으로 해결하려는 태도는 원래부터 우리 모두의 생명 안에 잠재력으로 담겨 있다고 한다. 이 잠재력을 의식적으로 발달시키려고 노력하는 사람은 삶을 살면서 특별히 어려움을 겪지 않는다. 항상 진화를 꾀하게 되어 있는 생명체의 본성에 따라서 언제나 문제를 극복하려고 노력하는 것이 삶의 본질이라는 입장이다. 한마디로 말해, 삶은 극복의 연속이라는 뜻이다.

알프레드의 개인 심리학은 삶의 현장을 중요하게 여긴다. 그래서 삶 속에 깊이 발을 담근 가운데 공동체, 더 나아가 인류의 발달과 행복에 관심을 갖는 사람이라면 적어도 정신적으로는 아무런 문제가 일어나지 않을 수 있다. 개인 심리학에서는 삶의 현장에서 겪는 여러 사실들이 그 사람의 정신 상태를 말해주는 테스트 역할을 한다. 그래서 학교는 어린이가 사회적 감정을 어느 정도 키웠는지를 보여주는 테스트가 될 수 있다.

알프레드 아들러의 눈길이 언제나 미래를 향하고 있었기 때문에 당연히 아이들을 대상으로 한 교육에도 관심이 많았다. 지그문트 프로이트를 중심으로 모이던 정신분석 집단에서 교육에 관심을 가진 심리학자는 아들러가 처음이었다. 그 후 아들러는 학교 선생을 대상으로 심리학 교육을 강화하는 등 교육 분야에 많은 열정을 쏟았다. 개인 심리학이 인류에 공헌한 것은 바로 교육 분야라고 강조할 정도로 교육에 대한 애정이 유독 깊었다.

이 책에 담긴 조각글은 독자 여러분의 삶을 혁명적으로 변화시킬 내용들이다. 만일 현대인의 정신세계가 진정으로 공동체를, 인류 전체를 향할 수 있다면, 지금 사회가 겪고 있는 문제들 중 많은 것이 해결되지 않을까. 다 읽고 나면 누구나 삶을 대하는 태도를 돌아보게 될 것 같다.

chapter 1

개인 심리학에 대하여

001 개인의 숨겨진 삶의 목표를 찾아내 전체 인격을 이해한다 —20

002 개인 심리학의 접근 방식은 다른 학파와 근본적으로 다르다 —21

003 심리학에서 일반화는 허용되지 않는다 —24

004 사회적 산물의 바탕엔 반드시 사회적 감정이 있다 —26

005 정신생활의 모든 표현은 분리 불가능하다 —27

006 각 개인의 겉모습 밑에 숨어 있는 일관성을 찾아라 —28

007 개인 심리학은 이용 심리학이다 —29

008 심리적 현상에 대한 이해는 목적론적 접근을 통해서만 가능하다 —30

009 각 개인은 그림이자 그 그림을 그린 화가이다 —31

010 열등 콤플렉스와 우월 콤플렉스 —32

011 모든 사람들 앞에 놓인 삶의 3가지 중대한 문제 —33

012 모든 것은 의견에 좌우된다 —34

013 정신의 표현은 언제나 위쪽을 향한다 —35

014 오이디푸스 콤플렉스는 응석받이 아이가 즐기는 공상에 불과하다 —36

015 언어의 빈곤을 고려해야 한다 —38

016 아들러는 프로이트의 사도가 아니다 —39

017 개인 심리학은 절대로 개인을 탓하지 않는다 —40

018 어떤 상황에서도 개인과 환경을 분리시키면 안 된다 —41

019 어린 시절의 활동성에 따라 징후가 달라진다 —42

020 꿈에는 특별히 새로운 것은 전혀 없다 —44

021 가족 내의 서열보다 그 서열에서 비롯되는 상황이 결정적으로 중요하다 -45

022 수면도 깨어 있는 상태와 마찬가지로 삶의 연장이다 -46

023 꿈을 이해하는 열쇠는 인격의 통일성이다 -48

024 공상은 미래를 향한다 -50

025 본능과 충동, 무의식은 비합리적인 요소가 아니다 -52

026 건강한 정신이나 병에 걸린 정신이나 정신생활의 역학은 똑같다 -54

027 신경증의 씨앗은 어린 시절에 뿌려진다 -55

028 어디서 왔는가 하는 질문보다 어디로 향하는가 하는 질문이 중요하다 -56

029 맥락이 중요하다 -57

030 자신의 중요성과 개성을 강박적으로 보호하려 들 때 정신에 병이 생긴다 -58

031 말이나 생각은 중요하지 않다 -59

032 정신적인 문제는 유전과 아무런 관계가 없다 -60

033 현실 속의 사실에 대한 오해 때문에 엇길로 나간다 -61

034 신경증적 성향을 가진 사람의 특징은 정신에 유연성이 없다는 점이다 -62

035 사상은 픽션에서 시작해 가설로, 독단적 의견으로 바뀐다 -64

036 프로이트의 리비도 이론에 반대한다 -66

037 불쾌한 상황에서 내면의 악마가 겉으로 드러난다 -68

038 퇴행은 지극히 정상적인 정신 작용이다 -69

039 리비도 때문이 아니라 반항 때문이다 -70

040 삶의 현상과 경험 뒤에서 작용하는 보편적 힘보다 삶의 사실 자체가 중요하다 -72

041 원리는 중요하지 않다 -73

042 가공의 종국적 목표에 따라 움직인다 -74

043 의식과 무의식은 반대가 아니다 -75

044 감각 기능에서 생리적 과정만 관찰하는 것은 아니다 -76

045 삶의 양식을 이해하는 데 가장 중요한 도구는 추측이다 -77

chapter 2
삶의 의미에 대하여

046 삶의 의미에 대한 해석이 그 사람의 사고와 감정, 행동을 결정한다 -80

047 인간 존재는 선과 연결되어 있다 -81

048 사회적 감정도 언젠간 호흡이나 직립보행만큼이나 자연스러워질 것이다 -82

049 사람은 이해할 수 있는 그 이상으로 많은 것을 알고 있다 -83

050 미덕과 악덕의 기준은 사회적 감정을 바탕으로 한 협동이다 -84

051 유전이나 환경은 최종적 요소가 아니다 -85

052 문명에 기여하는 사람에겐 죽음도 두렵지 않다 -86

053 노인들은 합당한 지위를 스스로 차버리기도 한다 -87

054 삶은 기본적으로 극복의 연속이다 -88

055 인간이 된다는 것은 곧 열등감을 갖게 된다는 뜻이다 -89

056 영원이라는 관점에서 옳아야 한다 -90

057 성격은 타고나는 것이 아니다 -91

058 심리학자들과 철학자들도 각자의 삶의 양식을 보여준다 -92

059 과도한 민감성은 열등감의 표현이다 -93

060 옳은 길을 고집하다가 불행을 부를 수 있다 -94

061 각자의 삶의 시기를 고려해야 한다 -96

062 개인적인 의미는 무의미하다 -97

063 삶의 의미는 인류에 대한 기여에 있다 -98

chapter 3
삶의 양식에 대하여

064 우월을 추구하며 펴는 노력의 범위는 상상을 초월한다 -100

065 하나를 보면 열을 알 수 있다 -102

066 신경증 환자는 행동반경이 좁다 -103

067 사소해 보이는 어린 시절의 기억에 문제 해결의 열쇠가 들어 있다 -104

068 막내는 주변을 지배하려 든다 -106

069 소심함은 자신의 개성을 낮게 평가하는 것이다 -107

070 삶의 양식은 사람 수만큼이나 다양하다 -108

071 인간의 영혼은 존재가 아니라 생성이다 -110

072 모든 아이는 가장 먼저 열등감을 느낀다 -111

073 타인들과 연결되어 있다는 감정은 하나의 전제조건이다 -112

074 마음씨가 고운 것도 소심함의 한 측면일 수 있다 -113

075 누구에게나 이웃을 얕보는 경향이 있다 -114

076 내면생활은 관계들의 총합이다 -116

077 남성적인 특징과 여성적인 특징을 구분하는 것은 합당하지 않다 ···117
078 당신의 운명은 당신 스스로 엮어내는 것이다 ···118

chapter 4
사회적 관심에 대하여

079 사회적 감정은 인간의 나약함을 보완한다 ···120
080 삶의 과제를 해결하는 데는 사회적 감정이 가장 중요한 요소이다 ···121
081 사회적 감정은 삶을 소중하게 여기는 태도이다 ···122
082 사회적 감정의 결여는 곧 재앙이다 ···123
083 인류의 진보는 곧 사회적 관심의 발달이다 ···124
084 어떤 것이 아름답거나 훌륭한 이유는? ···125
085 전체 인류의 일부가 되어 선을 추구하는 것이 인간의 길이다 ···126
086 인간 존재는 원래 공동체를 지향하게 되어 있다 ···127
087 동료 인간들에 대한 관심이 삶의 기본이다 ···128
088 어머니는 사회적 감정이 솟아나는 샘을 잘 지켜야 한다 ···129
089 사회적 관심을 키우는 좋은 방법은 우정을 쌓는 것이다 ···130
090 공동체 감정에 해답이 있다 ···131
091 사람의 가치는 공동체의 분업에서 맡은 역할에 따라 결정된다 ···132
092 언어는 사회적 기능이다 ···133

093 사회적 관심이 더 이상 문제가 되지 않는 날이 와야 한다 ⋯134

094 사회적 감정의 바탕은 이성과 논리이다 ⋯135

095 상식은 모든 인류의 경험에서 나온 이상이다 ⋯136

096 함께 있기 불편한 사람은 우월을 노리고 있는 사람이다 ⋯137

097 범죄의 원인은 사회적 관심의 결여이다 ⋯138

098 사형은 범죄 억지력을 발휘하지 못한다 ⋯140

099 범죄자들은 겁쟁이이다 ⋯142

chapter 5

교육에 대하여

100 너무도 소중한 존재, 그 이름은 어머니 ⋯144

101 아이들의 삶을 용이하게 만들어 주는 것은 오히려 나쁘다 ⋯146

102 터울이 크지 않은 여동생을 둔 오빠는 무척 어려운 상황에 처한다 ⋯147

103 아버지의 역할은 대단히 미묘하다 ⋯148

104 학교는 아이의 삶의 태도를 테스트할 수 있는 시험과 비슷하다 ⋯150

105 아이를 칭찬하거나 꾸중할 때에는 아이의 인격을 들먹이지 마라 ⋯151

106 질병을 예방하려다가 사람들과의 접촉을 차단하는 일은 없어야 한다 ⋯152

107 부모는 자신의 행동이 아이에게 끼칠 영향부터 생각해야 한다 ⋯153

108 아이는 부모를 비추는 거울이다 ⋯154

109 동생의 출생은 아이들에게 언제나 대사건이다 ~155

110 4세나 5세에 모든 것이 결정된다 ~156

111 모든 것은 가정에서 시작한다 ~157

112 아이의 눈으로 볼 줄도 알아야 한다 ~158

113 문제 부모만 있을 뿐이다 ~160

114 삶의 맥락을 보도록 가르쳐라 ~161

115 아이의 심리 발달에 무지한 것이 가장 심각한 문제이다 ~162

116 비정상적인 삶의 양식에 맞춰 똑똑하게 행동하는 아이가 문제아다 ~163

117 산수를 어려워하는 아이는 대부분 응석받이이다 ~164

118 사춘기에 육체적으로 새로운 것은 하나도 없다 ~165

119 왜 아이들이 학교에서 쫓겨나야 하나? ~166

120 밥상머리 교육이 실종된 것이 큰 문제이다 ~167

121 아이를 삶의 유익한 측면으로 이끄는 것이 중요하다 ~168

122 교육은 진공상태에서 이뤄지지 않는다 ~169

123 문제아는 상식을 따르지 않는다 ~170

124 아이는 팔삭둥이가 뭔지 모른다 ~171

125 잘못을 인정하라고 강요하지 마라 ~172

126 타고난 재능보다 훈련이 더 중요하다 ~174

127 선생의 임무는 아이의 사회성을 길러주는 것이다 ~175

128 선생은 어머니의 실수까지 바로잡아야 한다 ~176

129 선생은 아이의 동료가 되어야 한다 ~177

130 유치원은 가족의 확장이다 ~178

131 아이와 절대로 싸우지 마라 ~179

132 응석받이의 삶은 기생(寄生)의 삶이다 ~180

133 아주 하찮은 잠재력도 적절한 방법을 만나면 큰 열매를 맺는다 ··181

134 아이들은 덤불 속의 관목과 같다 ··182

135 아이들을 망치는 예가 너무 많다 ··183

136 성교육을 너무 강조하지 마라 ··184

137 성교육은 단순히 성관계의 생리학에 대해 가르치는 것이 아니다 ··186

138 성적으로 조숙해도 문제가 되지 않는다 ··188

139 아이들이 일찍 이성에 눈을 떠도 걱정하지 마라 ··189

140 반항은 모든 것을 바꿔놓는다 ··190

141 인간은 원래 인간적이고 사회적이다 ··192

142 성도착은 치료 불가능한 것이 아니다 ··194

chapter 6
용기에 대하여

143 아이들은 주변의 기대대로 성장한다 ··196

144 야망보다 인내심이 더 중요하다 ··197

145 아이를 친구로 대하라 ··198

146 생각 없이 살다가 그냥 사라지고 말 것인가? ··199

147 용기는 사회적 기능이다 ··200

148 혈족결혼엔 용기 부족이 자주 보인다 ··201

149 관심을 옳은 방향으로 이끄는 것이 용기를 불어넣는 것이다 ⋯202

150 아이가 어려움을 극복하는 무기는 용기이다 ⋯203

151 이 영역에서 다른 영역으로 관심을 확장시켜라 ⋯204

152 나 외에 다른 사람들을 진정으로 생각하도록 유도하라 ⋯206

153 사회적 감정을 키우는 것이 곧 용기를 강화하는 것이다 ⋯207

154 신경증 환자에게 협박은 절대 금물이다 ⋯208

155 용기는 사회적으로 진취적인 성향을 가진 사람들 사이에서만 발견된다 ⋯209

156 자살은 삶의 문제들로부터 완전히 철수하는 행위이다 ⋯210

157 아이들을 다른 아이들과 비교하지 마라 ⋯211

158 아이가 독립적으로 성장을 꾀하도록 이끌어라 ⋯212

chapter 7
남자와 여자의 관계에 대하여

159 개념들에 나타나는 특이한 이분법 ⋯214

160 남자와 여자를 구분해 놓은 것은 서로를 향한 갈망을 의미한다 ⋯215

161 여자를 경시하는 문화가 만들어내는 3가지 유형 ⋯216

162 앞의 3가지 유형은 바람직한 어머니가 되지 못한다 ⋯218

163 신화가 여자들에게 굴레로 작용한다 ⋯219

164 남자는 열등하다는 신화도 마찬가지로 부당하다 ⋯220

165 남녀 사이의 불신은 인간의 자연적 조건과 모순된다 ⋯221

166 남녀 공학은 남녀 관계의 향상을 위한 중요한 걸음이다 ┄222

167 남자와 여자는 똑같이 신화의 희생자이다 ┄224

168 원래 신화의 힘은 무시무시하다 ┄226

169 사랑과 결혼에서 실패를 겪는 원인은 준비 부족이다 ┄227

170 사랑은 두 사람이 수행하는 과제이다 ┄228

171 육체의 기능들은 거짓말을 모른다 ┄229

172 결혼 관계엔 동료 감정이 꼭 필요하다 ┄230

173 사랑과 결혼은 인류의 행복까지 추구할 수 있어야 한다 ┄232

174 환경 자체가 아니라 환경에 대한 해석이 중요하다 ┄233

175 '여자는 수수께끼야!'라는 고백은 남자의 무지를 드러낼 뿐이다 ┄234

176 우리의 미래와 행복은 삶의 3가지 과제를 어떤 식으로 해결하느냐에 달려 있다 ┄236

177 잘못을 과도하게 거꾸로 돌려놓는 것 역시 잘못이다 ┄238

178 인류의 행복을 고민하는 사람은 아이를 갖는다 ┄240

179 어머니의 역할에 대한 적절한 보상은 결코 가능하지 않다 ┄241

180 인간의 모든 발달은 분업의 발견에서 시작되었다 ┄242

181 아이를 원하지 않는 사람은 아이를 낳지 마라 ┄243

chapter 1

개인 심리학에 대하여

개인의 숨겨진 삶의 목표를 찾아내
전체 인격을 이해한다

개인 심리학은 인격을 연구한다. 개인이 삶의 과제를 대하는 태도에 초점을 맞추면서 그 사람이 나름대로 성공 또는 우월이라고 판단한 것을 어떤 식으로 성취하는지를 파악한다는 뜻이다. 그래서 개인 심리학자들의 관심은 개인의 행동들이 향하는 방향으로, 즉 개인의 목표로 모아진다.

사람은 누구나 어린 시절 초기에 행동 방향을 결정하는데, 그러기 위해선 먼저 목표가 설정되어야 한다.

사람들이 은밀히 추구하는 목표는 개인마다 다 다르다. 이 삶의 목표를 정작 본인은 모르고 있을 수 있지만, 그럼에도 그 사람의 모든 심리적 표현은 철저히 이 목표의 지배를 받는다.

어떤 사람이 은밀히 추구하고 있는 목표가 무엇인지를 파악하면 그 사람의 인격을 이해할 수 있다.　　　■ **사회적 관심**

002

개인 심리학의 접근 방식은
다른 학파와 근본적으로 다르다

지금까지 힘들여 다진 기반을 잃게 되거나 비판에 시달리게 되지 않을까 두려워하는 심리학자들은 연구실에서 물리적 증거를 확보할 수 있고 또 숫자로 기록할 수 있는 사실에만 중요성을 부여한다. 그런 심리학자들은 수학 공식 같은 것을 제시할 수 있게 되면 스스로 보호받는다는 감정을 느끼며, 그런 상징 같은 것이 없을 경우에는 불안을 느낀다.

물론, 숫자는 사람들에게 엄청난 안전감을 안겨주고 힘이 될 수 있다. 그러나 마음과 정신을 연구하면서, 개인 심리학자들은 마음과 정신이 수백 만 년에 걸쳐 형성된 진화의 선물이라는 사실을 확인한다.

마음과 정신은 기적처럼 작동한다. 우리 인간이 마음과 정신과 관련해 발견할 수 있는 것이라곤 마음과 정신이 외적인 문제에 직면할 때 작동하는 방식뿐이다. 또 우리의 육체와 육체가 물려받은 자질들은 단지 일반적인 환경의 일부에 지나지 않는다는 점을 명심해야 한다. …

물론 개인 심리학도 특별한 개념 같은 것을 갖고 있다. 그러나 개인 심리학엔 다른 심리학 학파들과 다른 점이 있다. 무엇보다, 개인 심리학이 삶을 보는 인식 자체가 다른 심리학자들의 인식보다 훨씬 더 객관적이라는 점이다. 둘째, 개인 심리학은 심리학 자체가 심리학자들의 인생철학에 크게 좌우된다는 점을 잘 알고 있는 반면에 다른 심리학자들은 자신이 언제나 이미 알고 있는 것을 다시 발견하고 있을 뿐이라는 사실을 잘 모르고 있다. 바로 이런 이유로 개인 심리학은 다른 심리학에 비해 보다 초연할 수 있고 또 자제력을 발휘할 수 있다.

마지막으로, 개인 심리학은 아주 중요한 이점을 하나 더 갖고 있다. 개인 심리학자는 인격은 하나의 통일체라는 것을 깨닫고 있으며, 따라서 개인 심리학자는 어떤 개인이 삶의 어떤 한 측면에 대해 품고 있는 오해는 삶의 다른 측면에서도 똑같이 되풀이된다는 것을 보지 않을 수 없다. 그래서 정도(正道)를 벗어난 개인의 모든 표현 형식에서 사회적 관심(알프레드 아들러는 공동체 감정을 특별히 강조했다. 개인이 인간 공동체에 대해 소속감과 책임감을 느끼는 것을 대단히 소중히 여겼다는 뜻이다. 이 공동체 감정이 맥락에 따라 사회적 관심 또는 사회적 감정으로 번역된다/엮은이)의 결여가 특징적으로 나타난다. ■ **삶의 의미**

심리학에서 일반화는
허용되지 않는다

각 개인은 모두 독특한 무엇인가를, 두 번 다시 일어나지 않을 무엇인가를 의미한다. 그렇기 때문에 개인 심리학자들은 어떤 개인을 이해하거나 치료하기 전에 먼저 일반적인 원리를 모두 버려야 한다.

개인 심리학의 접근 방법이 이용 심리학('007 개인 심리학은 이용 심리학이다' 참조)이라는 사실을 근거로, 인간 존재는 일상의 사회적 환경과 분리될 경우에 개성을 전혀 드러내지 못한다는 주장이 가능하다. 그 사람이 시련을 거치면서 자신의 능력을 이용하는 것을 관찰할 수 있을 때까지, 우리는 그 사람의 특성에 대해 아무것도 말하지 못한다.

이 점에서 본다면, 개인 심리학은 대단히 제한적인 실험 심리학과 비슷하다. 개인 심리학의 경우엔 실험을 실시하는 주체가 삶 자체라는 점만 다를 뿐이다. 개인 심리학이 개인을 연구할 때 가장 중요하게 여기는 것은 바로 그 사람이 해결해야 할 외적인 문제들이다.

　개인 심리학자들은 독특한 개인과 그 사람이 직면하고 있는 문제들의 관계가 정확히 어떤지를 찾아내야 한다. 어떤 환자를 치료할 경우에 개인 심리학자들은 그 사람의 개성을 연구하고 그 사람이 외적인 문제들 앞에서 어떤 길로 움직이는지를 알아내야 한다.　　　　　　　　　　　　　　　**■ 삶의 의미**

사회적 산물의 바탕엔
반드시 사회적 감정이 있다

개인 심리학은 언어와 이성, 즉 "상식" 같은 모든 사회적 산물의
바탕에 사회적 감정이라는 힘이 자리 잡고 있다고 본다.

■ 아들러의 개인 심리학

005

정신생활의 모든 표현은
분리 불가능하다

정신생활에서 나오는 표현을 저마다 다 다른 별도의 실체로 여길 경우에 그 표현의 진정한 의미는 절대로 파악되지 않는다. 정신생활의 모든 표현을 분리 불가능한 전체의 일부로 이해하려 노력할 때에만 그 표현의 의미가 온전히 파악된다.

■ **아들러의 개인 심리학**

각 개인의 겉모습 밑에 숨어 있는 일관성을 찾아라

개인을 치료할 때, 개인 심리학자들은 그 사람의 겉모습 뒤를 유심히 관찰해야 한다. 그 사람의 내면 깊은 곳에서 작동하고 있는 일관성을, 말하자면 그 사람의 인격의 통일성을 찾아야 한다는 뜻이다. …

　분석으로는 새로운 무엇인가를 절대로 창조하지 못한다. 분석을 거칠 경우에 우리 손에 남는 것은 전체 대신에 부분들뿐이다. 개인 심리학자들에겐 전체가 분석된 부분들보다 훨씬 더 많은 이야기를 들려준다. 단순히 부분들을 한곳에 모으는 행위에서 그친다면, 부분들의 통합도 마찬가지로 새로운 것을 전혀 제시하지 못한다.　　　　　■ **아들러의 개인 심리학**

개인 심리학은
이용 심리학이다

개인 심리학은 '이용(Gebrauch) 심리학'(사람의 생각과 감정, 행동은 기존의 조건이나 힘, 영향의 산물이라는 관점에서 접근하면 개인의 삶의 양식을 이해할 수 없으며, 사람이 기존의 조건이나 힘, 영향 등을 어떤식으로 이용하는지를 관찰할 때에만 삶의 양식이 파악된다는 것이 아들러의 견해이다. 아들러는 전자의 접근법을 택한 심리학을 '소유(Besitz) 심리학'이라고, 후자의 접근법을 택한 개인 심리학을 '이용 심리학'이라고 불렀다/엮은이)이며 개인이 유전의 영향과 환경의 영향을 창의적으로 활용하는 것에 관심을 집중한다. 가장 중요한 것은 개인이 물려받은 정신적 장치를 갖고 무엇을 하는가 하는 점이다.

■ 아들러의 개인 심리학

심리적 현상에 대한 이해는
목적론적 접근을 통해서만 가능하다

개인 심리학은 모든 심리적 현상을 이해하는 데엔 목적론이 불가피하다고 주장한다. 원인과 힘, 본능, 충동 같은 것은 심리적 현상을 설명하는 원리가 될 수 없다. 심리적 현상을 설명하는 원리가 될 수 있는 것은 오직 그 사람이 추구하고 있는 종국적 목적 뿐이다.

■ **아들러의 개인 심리학**

각 개인은 그림이자
그 그림을 그린 화가이다

각 개인은 인격의 통일성을 대표할 뿐만 아니라 그 통일성을 개인적으로 구축하는 행위까지 책임진다. 따라서 개인은 그 자체로 한 폭의 그림이자 그 그림을 그린 화가이기도 하다.

■ 아들러의 개인 심리학

열등 콤플렉스와
우월 콤플렉스

흔히 말하는 콤플렉스 중에서 과학계뿐만 아니라 보통 사람들 사이에도 널리 알려진 것은 아마 열등 콤플렉스일 것이다. 어떤 사람이 자기 앞에 놓인 문제를 해결할 수 없다는 태도를 보일 때, 우리는 그 사람이 열등 콤플렉스를 갖고 있다고 말한다.

열등 콤플렉스와 그 형제인 우월 콤플렉스는 사람이 주어진 어떤 문제를 사회적으로 유익한 방향으로 해결할 수 있을 만큼 자신이 충분히 강하지 않다는 점을 자기 자신과 다른 사람들에게 전하는 한 방법이다. 이런 식으로 문제에 접근해서는 진정한 도움을 전혀 얻지 못한다는 사실에 대해서는 말할 필요조차 없다. 이런 마음 상태에서 비롯되는 생각과 감정, 행동은 실패로 이어진다는 사실은 널리 잘 알려져 있다. ■ **사회적 관심**

모든 사람들 앞에 놓인
삶의 3가지 중대한 문제

모든 사람들의 앞에는 3가지 문제가 버티고 있다. 동료 인간과 직업, 사랑이 그 문제들이다. 이 3가지 문제는 동료 인간을 대하는 태도에 의해 서로 연결되어 있다.

이 문제들은 인과관계의 문제가 아니며, 어느 누구도 피하지 못한다. 이 문제들은 사람이 인간 사회와 우주, 이성(異性)과 맺는 관계에서 비롯된다. 이 문제들을 어떤 식으로 해결하느냐에 따라 그 사람의 운명과 행복이 좌우된다.　■ **삶의 의미**

모든 것은
의견에 좌우된다

우리의 감각은 실제의 사실들을 그대로 받아들이는 것이 아니라 그 사실들에 대해 주관적으로 느끼는 이미지를 받아들인다. 말하자면 우리의 감각은 외부 세상이 우리에게 비치는 모습을 받아들인다는 뜻이다. 세네카(Lucius Annaeus Seneca)는 "모든 것은 의견에 좌우된다."고 했다. 심리를 연구할 때엔 세네카가 남긴 이 경구를 잊지 말아야 한다. ■ **삶의 의미**

013

정신의 표현은
언제나 위쪽을 향한다

개인 심리학은 진화의 바탕 위에 굳건히 서 있으며, 인간의 모든 노력을 진화의 관점에서 완성을 위한 분투로 본다. 육체적 생활과 정신적 생활은 당연히 이 분투와 연결되어 있다. 따라서 개인 심리학이 아는 한 모든 정신적 표현은 마이너스 상황에서 플러스 상황으로 넘어가려는 움직임이다. …

개인은 완성이라는 성취 불가능한 이상(理想)과 자신을 영원히 비교하면서 언제나 열등감에 빠져 지내는 한편으로 이 열등감에 자극을 받는다. 이 같은 사실을 근거로, 인간의 모든 행동 법칙은 '영원이라는 관점에서' 보면, 또 절대적 정확성이라는 상상 속의 관점에서 보면 틀림없이 잘못되어 있다는 추론이 가능해진다.

■ 삶의 의미

오이디푸스 콤플렉스는
응석받이 아이가 즐기는 공상에 불과하다

지그문트 프로이트(Sigmund Freud)에게 정신적 발달의 바탕으로 보인 소위 오이디푸스 콤플렉스는 곧잘 공상에 빠지는 응석받이 아이의 삶에 나타나는 수많은 공상 중 하나에 불과하다.

　개인 심리학은 아이와 어머니의 관계를 오이디푸스 콤플렉스의 틀 안에 광적으로 집어넣으려는 프로이트의 의견에 동의하지 않는다. 개인 심리학은 또 소녀들이 아버지에게 더 강하게 끌리고 소년들이 어머니에게 더 강하게 끌린다는 프로이트의 가설도 부정한다. 이 가설이 많은 심리학자들에게 그럴 듯한 사실로 받아들여지고 있지만, 개인 심리학은 그 같은 의견에 동의하지 않는다. 응석받이로 자란 결과가 아닌데도 그런 현상이 나타나는 경우에, 개인 심리학은 그 아이가 미래에 자신의 성적 역할을 이해하려고 노력한다는 식으로 해석한다.

　아이의 그런 행태는 훗날 일어날 일을 미리 준비하는 것일 뿐이다. 아이가 성적 충동을 느끼지 않고 다소 유희적인 방법으로 스스로 미래를 준비하고 있는 것이다. 만일 아이가 조숙하고 통제할 수 없을 정도의 성적 본능을 보인다면, 그것은 틀림없이 아이가 이기적이고 어떤 소망도 죽일 줄 모르는 응석받이라는 뜻일 뿐이다. ■ **삶의 의미**

언어의 빈곤을
고려해야 한다

문제아를 보면, 아이 자신이 과거에 경험했던 성공이 모델 역할을 하는 것으로 확인된다. 그런데 이 과정을 제대로 파악하지 못한 심리학자들은 그것을 퇴행이라고 부른다. 일부 심리학자들은 단순히 추측을 바탕으로 더욱 멀리 나아가고 있다. 오늘날 콤플렉스가 진화를 통해 습득된 것으로 받아들여지고 있는데도, 그런 심리학자들은 콤플렉스의 뿌리를 원시시대의 잔재로까지 더듬어 올라가려고 시도한다. 어쨌든 그들은 그런 식으로 접근하면서 환상적일 만큼 유사한 것을 찾아낸다.

그런데 그런 심리학자들 대부분은 우리 인간의 언어가 빈곤하다는 점을 고려할 경우에 인간의 표현 형식이 모든 시대에 걸쳐 서로 닮게 마련이라는 사실을 깨닫지 못해 그만 길을 잃고 방황하게 되었다. 인간의 모든 행동 유형을 성욕과 연결시키려 할 때, 그것도 단지 비슷한 것을 발견한 것에 지나지 않는다. ■ **삶의 의미**

016

아들러는 프로이트의
사도가 아니다

프로이트와 그의 추종자들은 이상하게도 나(알프레드 아들러)를 프로이트의 사도로 묘사하기를 좋아한다. 이는 내가 어느 심리학 집단에서 프로이트와 논쟁을 자주 벌였기 때문인 것 같다. 그러나 나는 프로이트의 강연에 참석한 적이 한 번도 없다. 프로이트를 추종하는 집단이 프로이트의 견해를 지지하기로 맹세했을 때, 가장 먼저 그 집단을 떠난 사람이 바로 나이다.

나 자신이 프로이트 이상으로 개인 심리학과 정신분석을 명확히 구분했다는 사실을 어느 누구도 부정하지 못한다. 나는 예전에 프로이트와 함께 토론을 벌였다는 사실에 대해 자랑한 적이 한 번도 없다. 나는 개인 심리학의 인기가 상승하고 있는 사실과 개인 심리학이 정신분석에 끼친 영향이 그 집단 안에서 강하게 느껴지고 있다는 사실에 대해 미안하게 생각한다. ■ **삶의 의미**

개인 심리학은
절대로 개인을 탓하지 않는다

개인 심리학의 탁월성은 개인을 비난하지 않고 향상시키려고 노력한다는 점에서 더욱 두드러진다. 개인 심리학은 개인의 어깨에서 책임이라는 부담을 벗겨주는 대신에 잘못의 탓을 문명의 실패로 돌린다.

우리 모두는 문명의 불완전성과 얽혀 있으며, 우리 문명은 지금 불완전한 요소들을 제거하기 위해 우리 모두에게 협동을 요구하고 있다. 우리가 문명의 불완전한 요소들을 제거하기 위해 단순히 사회적 감정의 강화만을 요구하는 선에서 끝나지 않고 사회적 감정 자체에 대해 깊이 고려해야 한다는 사실은 인류가 지금까지 이룬 진화의 단계가 아직 턱없이 낮다는 점을 보여주는 증거이다.

■ 삶의 의미

018

어떤 상황에서도
개인과 환경을 분리시키면 안 된다

개인을 짧은 시간 동안 주변 환경과 격리시킨 가운데 실시하는 실험은 큰 실수를 낳을 수 있다. 그렇기 때문에 그런 식으로 환경과 분리되어 있는 사람에게 어떤 권고를 하거나 그 사람에게 분류 체계를 적용하는 것은 옳지 않다.

이런 사실들을 감안할 때, 개인 심리학자는 환자를 제대로 파악하기 위해 온갖 사회적 상황과 불평에 대한 지식을 두루 갖춰야 한다. 한 걸음 더 나아가, 개인 심리학자는 자신이 하는 일의 목표가 인류의 행복을 증진한다는 데 있다는 사실을 항상 잊지 말아야 한다. ■ 삶의 의미

어린 시절의 활동성에 따라
징후가 달라진다

신경증 환자들 중에서 어린 시절에 수동적인 방향으로 실패를 겪은 사람들의 비중이 월등히 더 높고, 범죄자들 중에서 어린 시절에 능동적인 방향으로 실패를 겪은 사람들의 비중이 월등히 더 높다는 사실은 결코 놀랄 일이 아니다.

어린 시절의 실패 중에서 아이를 혹독하게 다뤄서 생긴 경우를 제외하고 의학 심리학 영역에 해당하는 실패는 거의 전부 응석받이로 큰 의존적인 아이들에게서 발견된다. 의학 심리학 영역의 실패로는 야뇨증, 음식 투정, 밤의 비명, 헐떡거림, 지속적인 기침, 대소변 이상 정체, 말더듬 등이 있다. 이런 징후들은 아이가 독립과 협동이 요구되는 상황에 대해 항의하는 것이며 주변 사람들이 아이를 돕고 나서도록 강요한다. 발각된 뒤에도 오랫동안 계속되는 유아 자위행위도 사회적 감정의 결핍을 보여주는 신호이다.

이런 징후들의 경우에 단순히 징후만 치료하거나 잘못만 뿌리

뽑으려 노력하는 것으로는 충분하지 않다. 사회적 감정을 키울

수 있을 때에만 성공이 보장된다.　　　　　　■ **삶의 의미**

꿈에는 특별히 새로운 것은
전혀 없다

꿈은 새로운 것을 전혀 말하지 않는다. 꿈은 개인 심리학자가 환자의 행동에서 발견하지 못할 것을 절대로 표현하지 않는다는 뜻이다. 충분히 이해된 방법을 이용하고 또 꿈의 내용을 적절히 선택하면, 꿈을 꾼 사람이 꿈에서 행동 법칙에 따라 감정을 인위적으로 자극함으로써 상식과 반대되는 삶의 양식을 수행하려 하는 것이 확인된다. 또 환자가 패배의 두려움에 시달리면서 스스로 징후를 만들어내고 있다는 점을 암시하는 장면도 종종 확인된다.　　　　　　　　　　　　　■ 삶의 의미

가족 내의 서열보다 그 서열에서 비롯되는 상황이 결정적으로 중요하다

막시밀리앵 로베스피에르(Maximilien Robespierre)라면 프랑스 혁명에서 주도적인 역할을 한 인물로 유명하다. 뼈대 있는 집안의 장남이었던 그의 인격에서 개인 심리학자들이 권위에 복종하려 드는 성향을 본다고 해도 너무 시시콜콜하게 구분하려 든다는 식으로 비판할 필요가 없다.

그럼에도 개인 심리학은 고정된 규칙에 반대한다. 여기서도 결정적인 요소는 가족 내의 서열이 아니라 그 서열에서 비롯되는 상황이라는 점을 기억해야 한다.

따라서 첫째 아이의 정신적 초상(肖像)은 첫째가 아닌 아이에게도 나타날 수 있다. 어쨌든 첫째가 아닌 아이가 자신에게 쏟아지던 관심을 자기 뒤에 태어난 동생에게 빼앗기면서 그 상황에 반발한다면, 그 아이에게서도 첫째 아이의 정신 상태가 나타날 수 있는 것이다. ■ **삶의 의미**

수면도 깨어 있는 상태와 마찬가지로
삶의 연장이다

수면은 절대로 죽음의 형제가 아니다. 삶의 패턴, 즉 행동 법칙은 자고 있는 동안에도 계속된다. 잠을 자는 사람은 침대에서도 이리저리 움직이며 불편한 자세를 피한다. 또 빛과 소음 때문에 잠에서 깨어날 수도 있으며, 잠을 자면서 옆에서 함께 자는 아이를 보살피고 낮의 기쁨과 슬픔을 그대로 간직하고 있다.

사람은 잠을 자는 동안에도 온갖 문제에 대해 걱정하며, 문제 해결의 과정도 잠에 의해 중단되지 않는다. 유아의 끊임없는 움직임은 어머니를 깨울 것이고, 우리는 원하기만 하면 매일 아침 정해진 시간에 규칙적으로 일어날 수 있다.

잠을 잘 때의 자세도 정신적 성향을 파악하는 데 도움을 준다. 사람이 깨어 있을 때의 자세를 보면 정신 상태를 대충 짐작할 수 있는 것과 크게 다르지 않다.

정신생활의 통일성은 잠을 자는 동안에도 계속된다. 따라서 몽유나 수면 중 자살, 이빨을 갈거나 말을 하는 행위, 근육 마비 같은 현상은 그 사람의 전체 인격의 일부로 고려되어야 한다. 개인 심리학자들은 이런 현상에서도 어떤 결론을 끌어낼 수 있다. 물론 이때엔 다른 표현 형식에서도 그 결론을 뒷받침할 증거가 추가로 발견되어야 한다. 잠을 자는 동안에 감정도 마찬가지로 주의를 게을리하지 않는다. ■ **삶의 의미**

꿈을 이해하는 열쇠는
인격의 통일성이다

꿈을 이해하는 데 도움을 주는 한 가지 요소는 바로 과학적으로 다각도로 검증된 인격의 통일성이다.

꿈을 꾸고 있을 때엔 깨어 있을 때보다 현실의 영향을 훨씬 적게 받는다. 현실과의 거리는 깨어 있는 시간에 하는 공상에도 마찬가지로 보인다. 그러나 이 거리를 제외하고는, 꿈에 나타나는 정신적 형식은 삶 속에 존재하는 형식과 다르지 않다.

여기서 수면과 꿈은 깨어 있는 삶의 변형이고, 깨어 있는 삶은 수면과 꿈의 변형이라는 식의 결론이 가능하다.

잠을 자고 있을 때의 삶의 형태나 깨어 있을 때의 삶의 형태나 똑같이 적용되는 제일의 법칙은 바로 이것이다. '자아의 가치감이 축소되는 것은 절대로 용납하지 않는다.' 개인 심리학의 용어로 바꾸면, 종국적 목적에 맞춰서 우월을 추구하려고 노력하는 사람은 열등감의 압박으로부터 벗어날 수 있다고 할 수 있다.

자아는 코앞에 닥친 문제를 해결하기 위해 꿈과 공상으로부터 힘을 끌어낸다. 문제 해결에 필요한 사회적 감정이 자아에 없기 때문이다. 어떤 사람이 문제를 놓고 주관적으로 판단하는 어려움은 사회적 감정을 검사하는 테스트의 역할을 한다. 이때 주관적으로 판단한 어려움이 너무나 위압적으로 느껴지기 때문에 능력이 출중한 사람까지도 꿈을 꾸기 시작한다.　■ **삶의 의미**

024
공상은
미래를 향한다

공상은 다른 모든 정신적 움직임처럼 미래를 향한다. 공상도 똑같이 완성이라는 목표를 추구하는 흐름에 동참하기 때문이다. 이 관점에서 보면, 공상이나 꿈의 움직임에서 어떤 소원 성취를 보는 것이 얼마나 무의미한지가 분명해지고 또 공상의 메커니즘을 별도로 이해하려는 노력 또한 쓸모없다는 것이 확인된다. 정신적 표현 형식은 모두 아래에서 위로, 마이너스 상황에서 플러스 상황으로 움직이기 때문에 어느 것이든 하나의 소망 성취로 묘사될 수 있기 때문이다.

공상 또는 상상은 우리가 생각하는 그 이상으로 추측 능력을 많이 이용한다. 그렇다고 공상의 추측이 정확하다는 뜻은 물론 아니다. 공상의 특징은 상식, 즉 인간의 공동생활의 논리를, 그리고 기존의 사회적 감정을 일시적으로, 또는 정신증 환자의 경우에는 영원히 포기한다는 점이다.

기존의 사회적 감정이 특별히 강하지 않으면, 공상이 보다 쉽게 작동할 것이다. 그러나 기존의 사회적 감정이 충분히 강하다면, 사회적 감정에 힘을 얻어 공상은 공동체를 풍요롭게 가꾸는 쪽으로 작동할 것이다.　　　　　　　　　■ **삶의 의미**

———— *025* ————

본능과 충동, 무의식은
비합리적인 요소가 아니다

개인 심리학은 본능과 충동, 무의식 같은 내면의 힘들을 비합리적인 요소로 보는 가설을 심리학 학파들 중에서 가장 먼저 포기했다. 어떤 개인이나 집단을 이해하고 평가할 때, 이 가설을 포기한 것이 엄청나게 큰 도움이 된다는 사실이 확인된다. 개인 심리학은 실증적인 측면에서 다음과 같은 가설을 제시한다.

개인 심리학은 인격의 통일성과 일관성을 전제한다. 이 전제에 대해선 어떠한 반론도 제기될 수 없다.

개인 심리학은 독특한 존재인 개인이 늘 변화하는 삶의 문제들 앞에서 보이는 태도에서 합리적으로 분석할 영역을 발견한다. 개인의 행동에 결정적으로 중요한 것은 그 사람이 자기 자신은 물론이고 자신이 다뤄야 할 환경에 대해 품는 의견이다.

개인 심리학은 또 개인이 삶의 문제를 성공적으로 해결하려고 노력하는 태도 자체는 생명 속에 원래부터 장착되어 있다고 가정한다. 그러나 어떤 것이 성공인가 하는 판단은 순전히 개인의

52

의견에 달려 있다.

구체적인 어떤 개인이나 집단을 평가하는 기준은 언제나 그 개인 혹은 집단이 인류의 발달과 인류의 행복에 기여하는지 여부이다. 바꿔 말하면, 공공복지와 인류의 발달에 필요한 사회적 관심을 갖춘 정도가 개인이나 집단을 평가하는 기준이라는 뜻이다.

개인 심리학이 사회적 관심을 특별히 강조하는 이유는 개인이 사회적 관심을 충분히 갖춰야만 풀 수 있는 문제에 직면한다는 사실이 확인되기 때문이다. ■ **사회적 관심**

건강한 정신이나 병에 걸린 정신이나 정신생활의 역학은 똑같다

개인 심리학이 설명하는 정신생활의 역학은 건강한 정신에나 병에 걸린 정신에나 똑같이 유효하다. 신경증을 앓는 개인과 정신적으로 건강한 개인을 구분하는 것은 신경증을 앓는 사람이 자신의 삶의 계획을 보호하고 지키려는 경향을 월등히 더 강하게 보인다는 점이다.

어떤 목표를 설정하고 그 목표에 따라 삶의 계획을 짜는 문제에 관한 한, 신경증을 앓는 사람이나 건강한 사람이나 근본적인 차이는 전혀 없다. ■ 개인 심리학의 실천과 이론

신경증의 씨앗은
어린 시절에 뿌려진다

성인의 신경증은 어린 시절의 '문제'에서 시작된다. 그러기에 모든 '문제아'는 잠재적 신경증 환자인 것이다. 그러나 '문제아'는 '문제 환경'에서만 나온다. 말하자면 '문제아'는 나쁜 환경에 정상적으로 반응한 결과인 것이다. 그런 아이는 인간의 본성을 무시하는 거친 환경에서 아주 잘 자란다.

정신 건강은 곧 교육의 문제이다. 그래서 개인 심리학은 아이들의 일탈을 막고 아이들의 문제를 해결하는 일에 적극적으로 나서고 있다. 이것이 개인 심리학이 인류에 기여한 최대의 공로이다.

■ **삶의 양식**

어디서 왔는가 하는 질문보다
어디로 향하는가 하는 질문이 중요하다

건강한 정신에나 병에 걸린 정신에나 똑같이 중요한 질문은 정신이 어디서 왔는가 하는 것이 아니라 어디로 향하는가 하는 것이다. 왜냐하면 정신의 다양한 움직임을, 다시 말해 개인의 본성에 속할 뿐만 아니라 특별한 준비까지 하는 정신의 움직임을 이해하려는 노력은 어디까지나 정신이 추구하는 목표와 방향을 알고 난 다음에야 가능하기 때문이다. ■ **개인 심리학의 실천과 이론**

맥락이
중요하다

심리학, 특히 아동 심리학에선 개별 사실을 분석하는 것이 아니라 전체 맥락에서 개별 사실을 해석하고 그것을 바탕으로 결론을 내리는 것이 아주 중요하다. ■ **개인 심리학의 실천과 이론**

자신의 중요성과 개성을 강박적으로
보호하려 들 때 정신에 병이 생긴다

정신이 병에 걸리는 때는 대체로 사람이 내적 고통 때문에 자신의 중요성과 개성을 보호하지 않을 수 없는 상황에 처할 때이다. 이때 징후는 여러 형태로, 예를 들면 극단적인 의심과 충동적인 생각, 병적인 회의(懷疑) 등으로 나타난다.

■ 개인 심리학의 실천과 이론

말이나 생각은
중요하지 않다

개인이 자기 자신에 대해 하는 말이나 생각은 조금도 중요하지 않다. 개인이 하는 말이나 생각엔 어떠한 가치도 부여해서는 안 된다. 개인 심리학이 유일하게 평가할 수 있는 것은 사람의 행동 뿐이다.

■ 문제아

정신적인 문제는 유전과
아무런 관계가 없다

정신의 문제에서 유전(遺傳)은 전혀 아무런 역할을 하지 않는다. 심각한 문제를 안고 있는 사람이나 문제아, 신경증 환자, 알코올 중독자, 성도착자, 범죄자 또는 잠재적 자살자 중에서 사회적 감정을 제대로 발달시키지 못한 탓에 삶의 문제를 두려워하는 모습을 보이지 않는 사람은 한 사람도 없다. 이 점을 명심해야 한다. 개인 심리학과 다른 심리학 학파들의 근본적 차이는 바로 여기에 있다. …

중요한 것은 사람이 갖고 태어나는 것이 아니라 그 사람이 타고난 정신적 장치를 어떤 식으로 이용하는가 하는 점이다.

■ 문제아

033

현실 속의 사실에 대한 오해 때문에 엇길로 나간다

사람들은 현실의 사실들 때문이 아니라 사실들에 대한 오해 때문에 잘못된 길로 빠진다. 그러므로 인간의 정신생활이 인과관계에 근거하고 있다고 믿는 사람은 틀렸다. 사람은 원인을 곧잘 창조해낸다.

■ 문제아

신경증적 성향을 가진 사람의 특징은
정신에 유연성이 없다는 점이다

신경증적 성향이 있는 사람은 엄격하게 도식화하고 철저히 추상하는 통각 유형을 갖고 있다. 그래서 그런 사람은 외부 사건뿐만 아니라 내면의 정신적 사건까지도 엄격히 이분법적으로 분류한다. 사업을 하면서 거래 내역을 차변과 대변에 기록하면서 차변과 대변 그 사이에는 어떠한 틈도 허용하지 않는 것과 비슷하다.

신경증 환자의 사고에 나타나는 이 같은 잘못은 과도한 추상작용과 똑같으며, 주로 안전을 지키려는 신경증적 경향 때문에 일어난다. 이런 경향은 매우 정밀하게 정의된 안내 노선과 이상(理想), 기준을 요구하며, 신경증 환자는 선택하고 예측하고 행동하면서 이런 것들을 철저히 믿는다.

따라서 신경증 환자는 구체적인 현실과 분리된다. 현실은 엄격성보다 정신적 유연성을 요구하기 때문이다. 다시 말해, 우리가 몸담고 있는 현실은 추상작용을 숭배하거나 신격화할 것이 아니라 적절히 이용할 것을 요구한다는 뜻이다.

어쨌든 세상을 살아가는 데 엄격하게 적용할 수 있는 원리 같은 것은 절대로 없다. 어떤 문제의 해결책으로 아주 정확한 것까지도 지나치게 전면으로 내세워질 경우에 삶의 흐름을 방해할 수 있기 때문이다. 예를 들어, 어떤 사람이 청결과 진실을 삶의 목표로 삼을 경우에 그 목표 자체가 그 사람의 인생을 방해하게 되어 있다. ■ **남자와 여자의 협동**

사상은 픽션에서 시작해 가설로,
독단적 의견으로 바뀐다

나는 철학자 한스 파이힝어(Hans Vaihinger)의 독창적인 견해를 따르고 있다. 그는 역사적으로 사상은 픽션(현실은 아니지만 실용적으로 유용한 구성개념이다)에서 시작해 가설로, 그 다음에는 독단적 의견으로 바뀌는 경향을 보인다고 주장한다.

개인 심리학에서, 이런 강도(強度)의 변화는 대체로 정상적인 사람의 사고(하나의 방편으로서의 픽션)와 신경증 환자의 사고(픽션을 현실화하려는 시도), 정신증의 사고(불완전하긴 하지만 나름대로 안전을 보장하는 픽션을 구체화한 독단적인 주장)를 구분하는 기준이 된다.

이런 발달 과정을 보여주는 한 예가 신중이 불안으로, 재앙에 대한 예상이 우울증으로 악화되는 현상이다. 안전을 확보하는 이 세 가지 단계는 다음과 같이 설명될 수 있다. 신중(정상적인 사람, 픽션)은 '마치 내가 돈을 잃을 수 있는 것처럼' '마치 내가 뒤떨어질 수 있는 것처럼' 행동하는 것이다. 불안(신경증 환자, 가설)은

'마치 내가 돈을 잃을 것처럼' '마치 내가 뒤떨어질 것처럼' 행동하는 것이다. 우울(정신증 환자, 독단적인 주장)은 '마치 내가 돈을 잃은 것처럼' '마치 내가 뒤떨어진 것처럼' 행동하는 것이다. 바꿔 말하면, 불안감이 강할수록, 현실로부터의 분리를 통해서 픽션이 더욱 강조되고 따라서 그 픽션은 독단적인 주장에 더 가까워지게 된다.

신경증 환자는 자신을 안내 노선에 더욱 가까이 데려다줄 온갖 것들을 내면에 배양하고 육성한다. 그러면 이 안내 노선은 환자에게 안전감을 주면서 아주 좁은 집단 안에서이긴 하지만 효과를 발휘한다. 이 과정에 현실은 무시되고, 사회에 제대로 적응하는 경로들은 점점 더 불충분해 보인다. ■ **남자와 여자의 협동**

──── *036* ────

프로이트의 리비도 이론에
반대한다

"리비도"가 수많은 의미를 지니는 "사랑"으로 번역된다면, 리비도라는 표현의 의미를 확장하면서 현명하게 사용할 경우에 우주에서 벌어지는 모든 일에 이 단어를 쓸 수 있을 것이다. 그러나 그렇게 한다 하더라도, 우주에서 일어나는 사건들에 대한 설명은 절대로 이뤄지지 않는다. 리비도라는 단어를 이런 식으로 두루 사용하게 됨에 따라, 많은 사람들이 인간의 충동은 무엇이든 "리비도"로 충만하다는 인상을 받고 있다.

프로이트의 최근 해석을 보면 그의 리비도 이론이 개인 심리학의 사회적 관심 쪽으로, 그리고 인격 이상을 추구하려는 노력 쪽으로 급격히 이동하고 있는 것처럼 보인다. 리비도에 대한 이해가 점점 높아지고 있다는 관점에서 보면, 이것은 크게 환영할 만한 일이다. …

신경증에 나타나는 성적인 내용은 주로 "남성성과 여성성"의 대립에서 비롯되며 남성성 항의(기본적으로 남성 지배적인 사회 환

66

경 때문에 생기는 현상이다. 여자의 경우엔 여자다움을 요구하는 상황을 부정하는 형식으로 나타나고, 남자의 경우엔 우월 콤플렉스로 나타난다/ 엮은이)가 형태를 달리한 것에 지나지 않는다. ■ **남자와 여자의 협동**

037
불쾌한 상황에서
내면의 악마가 겉으로 드러난다

유쾌한 상황에서는 누구도 자신의 내면에 숨어 있는 악마를 드러내지 않는다. 그러나 곤경에 처하기만 하면 누구나 금세 자신의 진짜 모습을 드러낸다.　　　　　　　　　■ 문제아

퇴행은 지극히
정상적인 정신 작용이다

모든 사고와 행동의 뿌리를 더듬고 올라가면 종종 어린 시절의 경험에 닿는다. 따라서 프로이트가 말하는 "퇴행"은 그 자체로 지극히 정상적인 형태의 사고이고 행동이다.

정신적으로 아픈 사람이나 정신적으로 건전한 사람이나 정신 역학은 똑같다. 둘 사이의 다른 점은 정신적으로 아픈 사람이 정신의 바탕에 아주 광범위하게 영향을 미치고 있는 실수들을 깔고 있고 또 옳지 못한 태도로 삶에 접근하고 있다는 점이다.

■ 남자와 여자의 협동

039

리비도 때문이 아니라
반항 때문이다

프로이트는 오스트리아 소아과 의사 아달베르트 체르니(Adalbert Czerny)를 포함한 몇몇 전문가들의 견해, 말하자면 변기에서 부모의 말을 듣지 않고 고집을 부리는 아이들이 종종 신경과민 현상을 보인다는 견해에 대해 언급하고 있다. 그러면서 다른 저자들과 반대로, 프로이트는 이 반항의 원인을 아이들이 대소변을 몸 안에 담고 있는 동안에 느낀 성적 쾌감의 경험까지 거슬러 올라간다. 나 자신은 이런 예를 한 번도 보지 못했지만, 그럼에도 나는 대소변을 몸에 담고 있을 때 그런 감각을 느낄 만큼 감각적인 아이라면 반항기가 발동할 때 그런 식으로 저항할 것이라는 점에 동의한다. 열등한 신체기관이 어디냐에 따라 징후의 위치와 종류가 결정되겠지만, 여기서 결정적으로 중요한 요소는 어쨌든 반항이다.

나는 반항기가 심한 아이들의 경우에 변기로 데려가기 전에 변을 보거나 변기 바로 옆에 변을 보는 예를 훨씬 더 자주 보았다.

그런 아이들은 소변을 볼 때에도 똑같은 모습을 보였다. 음식을 먹거나 물을 마실 때에도 마찬가지였다.

어떤 아이에게 물을 주는 횟수를 줄여보라. 그러면 그 아이의 "리비도"가 무한정 상승할 것이다. 또 어떤 아이에게 규칙적으로 먹는 것이 중요하다고 말해 보라. 그러면 그 아이의 "리비도"는 금방 제로로 떨어질 것이다. 이런 "리비도의 양"을 진지하게 받아들이며 비교 대상으로 삼는 것이 과연 옳은 일일까?

생후 13개월이 될 때까지 서거나 걷기를 거의 배우지 않은 소년이 있었다. 어른들이 이 아이에게 "앉아!"라고 말하면, 아이는 계속 서서 짓궂은 표정을 지었다. 그런데 6세 된 소년의 누나는 동생을 앉혀야 하는 상황에서 "계속 서 있어!"라고 말했다. 그러면 아이는 어김없이 앉았다. 이런 것이 바로 남성성 항의의 시작이다.

■ 남자와 여자의 협동

삶의 현상과 경험 뒤에서 작용하는 보편적 힘보다 삶의 사실 자체가 중요하다

개인으로든 집단으로든, 인간은 삶의 온갖 현상과 경험 뒤에서 작용하고 있는 어떤 보편적인 힘을 발견하려고 늘 노력해 왔다. 그러나 개인 심리학은 그런 보편적인 힘을 발견하려고 노력하기보다 그보다 더 넓고 더 깊은 의미에서 삶의 사실들 자체를 받아들인다.

당연히 삶의 사실들 중에는 설명 가능한 양상도 있고 설명 불가능한 양상도 있다. 이 양상들 중에서 가장 중요한 양상 하나는 인간의 모든 노력과 생각, 감정, 특징, 표현, 징후는 사회적 과제의 성공적 해결을 추구하게 되어 있다는 점이다.

■ 남자와 여자의 협동

원리는
중요하지 않다

자신의 원리를 위해 싸우는 것은 그 원리에 맞춰 사는 것보다 언

제나 더 쉬운 법이다.　　　　　　■ **신경증의 문제들**

가공의 종국적 목표에 따라
움직인다

모든 정신 과정은 미리 방향이 정해진 어떤 목표의 지배를 받는
다. 바꿔 말하면, 각 개인의 내면에서 이뤄지는 삶은 훌륭한 극작
가가 그린 등장인물처럼, 연극의 5막에서 일어날 일들에 따라 움
직인다고 할 수 있다.

개인 심리학을 통해 끌어낼 수 있는, 성격에 관한 이런 통찰은
우리에게 중요한 깨달음을 안겨준다. 어떤 개인의 본성을 이해하
려면, 그 사람의 모든 심리적 표현은 어떤 구체적인 목표를 위한
준비로 인식되고 이해되어야 한다는 점이다.

이렇듯 모든 사람이 의식적으로나 무의식적으로 종국적인 어
떤 목표를 추구하고 있지만, 그 목표의 의미에 대해 잘 알고 있는
사람은 거의 없다. ■ **개인 심리학의 실천과 이론**

043

의식과 무의식은
반대가 아니다

의식과 무의식 사이에 모순은 전혀 없다. 의식과 무의식은 보다 높은 목표를 위해 서로 협력한다. 우리가 곤경에 처하는 즉시 우리의 생각과 감정은 의식이 되고, 우리의 성격이 어떤 곤경을 필요로 하는 즉시 우리의 생각과 감정은 무의식이 되어 버린다.

■ 아들러의 개인 심리학

감각 기능에서
생리적 과정만 관찰하는 것은 아니다

개인 심리학은 사람들의 감각 기능에서 생리적 과정만을 관찰하는 데서 그치지 않는다. 예를 들어, 사람의 시선에서 그 사람과 다른 사람들을, 그리고 그 사람과 세상을 연결하고 있는 관심을 발견하려고 노력한다.

　어떤 사람이 그런 관심을 보이지 않는다면, 우리는 그 사람의 시선을 두고 생기 없는 시선이라고 말한다. 그때도 그 사람이 보는 행위나 신체 기관의 생리에는 어떠한 결함도 없을 수 있다. 생기는 곧 환경에, 세상에 관심을 주고 있다는 뜻이다. ■ **삶의 의미**

삶의 의미를 이해하는 데 가장 중요한 도구는 추측이다

우리 인간은 사실들을 분석하거나 주어진 요소들을 더함으로써 이해력을 증진시키지 않는다. 개인이 품고 있는 삶의 의미를 이해하는 데 큰 도움을 주는 것은 추측이다. 인간의 마음은 추측을 이용해야 한다.

추측을 과학적 사고를 벗어난 것으로 여겨선 곤란하다. 과학에서도 발전은 반드시 추측을 통해 일어난다. 보다 세련된 차원에서, 우리는 추측을 직관이라 부를 수 있다. 직관도 우리가 일상적으로 이용하는 추측과 별로 다르지 않은 것이다. ■ **삶의 의미**

chapter 2

삶의 의미에 대하여

삶의 의미에 대한 해석이
그 사람의 사고와 감정, 행동을 결정한다

개인이 삶의 의미를 어떻게 해석하느냐 하는 문제는 절대로 사소한 문제가 아니다. 삶의 의미에 대한 해석이 종국적으로 그 사람의 사고와 감정, 행동을 결정하기 때문이다.

진정한 삶의 의미는 그릇되게 행동하는 개인이 봉착하는 저항 속에 나타난다. 따라서 교육과 훈련과 치유의 목표는 진정한 삶의 의미와 개인의 그릇된 행위 사이의 거리를 좁히는 것이다.

■ 삶의 의미

인간 존재는
선과 연결되어 있다

사람은 선하게 태어나는가 아니면 악하게 태어나는가 하는 해묵은 논쟁은 쉽게 해결된다. 사회적 감정이 진화론적인 측면에서 꾸준히 향상되고 있다는 점을 고려한다면, 인류의 존재는 '선'과 밀접히 연결되어 있다는 주장에 힘이 실린다. ■ **삶의** 의미

사회적 감정도 언젠간 호흡이나 직립보행만큼이나 자연스러워질 것이다

사회적 관심이 있어야만 해결되는 문제들이 피할 수 없는 것이라면, 이 문제들은 적절한 양의 사회적 감정을 소유한 사람들에 의해서만 제대로 풀릴 수 있다. 현재까지 모든 개인이 그 정도의 사회적 감정은 획득할 수 있었을 것이라는 식으로 과감히 말할 수도 있다. 그러나 인간이 호흡이나 직립 보행만큼 자동적으로 사회적 감정을 발휘할 수 있을 만큼은 아직 진화가 이뤄지지 않았다고 말하는 것이 더 타당하다.

인류가 사회적 감정의 발달을 망가뜨리는 일만 일어나지 않는다면, 미래의 언젠간, 아마 아주 먼 훗날에, 인류가 사회적 감정을 호흡만큼 자연스럽게 발휘하는 단계에 이를 것이라는 점에 대해 나는 조금도 의심하지 않는다. 그러나 우리 시대에는 그런 일이 일어날 것이라는 데 대해 회의(懷疑)를 품게 만드는 이유가 어느 정도 존재한다. ■ **삶의 의미**

사람은 이해할 수 있는 그 이상으로 많은 것을 알고 있다

사람은 자신이 이해할 수 있는 그 이상의 것을 알고 있다. 사람의 이해력이 잠을 자는 꿈에서도 사람의 아는 능력은 그대로 기민하게 움직이고 있지 않을까? 꿈속에서 사람의 아는 능력이 작동한다면, 깨어 있는 삶 속에서도 이와 비슷한 증거가 발견되어야 한다.

　실제로 사람은 자신의 삶의 목표에 대해 아무것도 이해하지 못하고 있으면서도 그 목표를 추구하고 있다. 사람은 자신의 삶의 양식에 대해 아무것도 이해하지 못하면서도 지속적으로 삶의 양식에 묶여 있다. ■ 삶의 의미

미덕과 악덕의 기준은
사회적 감정을 바탕으로 한 협동이다

개인 심리학이 미덕에 대해 말할 때, 그것은 어떤 사람이 자신이 맡은 부분을 충실히 수행하고 있다는 뜻이다. 개인 심리학이 악덕에 대해 말할 때, 그것은 그 사람이 인류의 협동을 방해하고 있다는 뜻이다.

문제가 되고 있는 사람이 어린이든, 신경증 환자든, 범죄자든 아니면 자살자든, 그들의 실패는 사회적 감정이 방해를 받은 탓에 일어난다. 모든 환자를 보면, 공동체에 대한 기여가 부족하다는 사실이 반드시 확인된다. …

많은 사람들에게 강한 인상을 남기는 것은 아마 개인 심리학이 실수라고 부르는 모든 것이 사회적 감정의 결여를 보여준다는 간단한 사실일 것이다. 어린 시절과 성인 시절의 모든 실수, 그리고 가족이나 학교, 삶, 타인들과의 관계, 일, 사랑에서 보이는 모든 그릇된 성격적 특징들은 사회적 감정의 결여에서 비롯된다.

■ 삶의 의미

유전이나 환경은
최종적 요소가 아니다

어떤 개인과 외부 세계의 관계를 결정하는 것은 유전도 아니고 환경도 아니다. 유전은 단지 그 사람에게 약간의 능력을 부여할 뿐이고, 환경은 단지 어떤 인상들을 줄 뿐이다. 그 사람이 유전으로 물려받은 능력과 인상, 그리고 자신의 능력을 두고 하는 해석이 바로 그가 삶의 태도를 구축할 때 자신만의 "창의적인" 방법으로 이용할 벽돌들이다. ■ **아들러의 개인 심리학**

문명에 기여하는 사람에겐
죽음도 두렵지 않다

사람이 이 세상에서 겪는 마지막 테스트는 늙어가는 데 대한 두려움과 죽음에 대한 두려움이다. 이 두려움도 자식들을 통하거나 문명의 성장에 기여했다는 자각을 통해서 자신의 불멸성을 확신하는 사람에겐 그다지 무섭게 다가오지 않을 수 있다. 그러나 급속도로 진행되는 육체의 쇠락과 신경의 손상을 눈으로 확인하면서 완전한 소멸에 대한 두려움을 느끼지 않기는 무척 어렵다.

여자들은 갱년기가 위험하다는 식의 미신 때문에 종종 극도의 당혹감을 느낀다. 여자의 가치는 다른 사람들과 협동하는 힘이 아니라 젊음과 아름다움에 있다고 믿는 사람들이 갱년기에 고통을 특별히 더 심하게 겪는다. 그런 여자들은 마치 자신이 부당하게 공격을 당하고 있는 것처럼 주변 사람들에게 적대적인 태도를 취하고 곧잘 우울증에 빠진다. ■ **삶의 의미**

노인들은 합당한 지위를
스스로 차버리기도 한다

우리 문명이 늙은 남녀들에게 합당한 지위를 부여하지 않는다는 데 이의를 제기할 사람은 없을 것이다. 노인들에겐 합당한 지위를 차지할 권리가 있다. 아니면 노인들에게 최소한 그런 자리를 스스로 창조할 기회는 주어져야 한다. 그러나 불행하게도 나이가 많아지면 협동하려는 의지에 한계가 분명히 드러난다.

　노인들은 자신의 중요성을 과장한다. 노인들은 모든 일에 대해 누구보다 많이 알고 있다고 주장한다. 노인들은 자신들의 제한적인 처지를 거듭 한탄한다. 그 결과, 노인들은 다른 사람들을 방해하게 되고, 따라서 자신들이 오랫동안 두려워했던 바로 그런 분위기가 조성되는 데 스스로 일조를 하게 된다. ■ **삶의 의미**

삶은 기본적으로
극복의 연속이다

삶의 근본적인 법칙은 극복의 법칙이다. 이는 자기보존을 위한
투쟁과 육체적 및 정신적 균형을 위한 노력, 육체적 및 정신적 성
장, 완성을 위한 노력 등에 의해 뒷받침되고 있다. 자기보존을 위
한 분투에는 위험을 이해하고 피하려는 노력, 육체를 진화론적으
로 개인의 죽음 그 너머까지 존속시키는 생식, 인간의 발달 과정
에 이뤄지는 협동, 이런 목표들에 기여한 모든 사람의 공동 성취
등이 포함된다.　　　　　　　　　　　　　■ **삶의 의미**

인간이 된다는 것은 곧 열등감을 갖게 된다는 뜻이다

정신의 평형 상태는 끊임없이 위협받는다. 사람은 완성을 추구하려고 노력하면서 언제나 정신적으로 흥분 상태에 있으며 완성이라는 목표 앞에서 무능함을 느끼기 때문이다. 사람이 휴식과 가치와 행복의 감정을 품게 되는 것은 오직 자신이 위를 향한 분투에서 만족할 만한 단계에 이르렀다고 느낄 때뿐이다. 그러나 바로그 다음 순간, 그의 목표가 다시 그를 앞으로 끌어당기게 된다.

그렇다면 한 사람의 인간 존재가 된다는 것은 곧 열등감을 품게 된다는 뜻이다. 이 열등감은 사람이 바로 그 열등감을 정복하기 위해 계속 앞으로 나아가도록 만든다. 열등감이 클수록, 그것을 정복하려는 충동도 그 만큼 더 커지고 감정적 흥분도 더 커지게 된다. ■ **삶의 의미**

영원이라는 관점에서
옳아야 한다

어느 누구도 절대 진리를 갖는 축복을 받지 못했다. 그러기에 누구나 보편적으로 옳은 것을 추구할 수밖에 없다. 어떤 생각이나 감정 혹은 행동을 두고 옳다고 말하는 것은 영원이라는 관점에서 옳다는 뜻이다. 그런 생각이나 감정 혹은 행동은 당연히 공동체의 행복을 고려해야 한다.

이 말은 새로운 문제뿐만 아니라 전통에도 그대로 유효하다. 또 중요한 문제뿐만 아니라 그보다 덜 중요한 문제에도 그대로 적용된다. 우리 모두가 나름의 방식으로 풀어야 하는 3가지 중대한 문제들, 즉 사회와 일과 사랑의 문제들은 공동체를 위한 노력을 하나의 기정사실로 받아들이는 사람들에 의해서만 제대로 풀릴 수 있다.

틀림없이, 새로운 문제가 나타날 때에는 의심과 불확실성이 일어날 것이다. 이때 서로 협동하겠다는 의지가 중대한 실수를 피하게 하는 안전장치가 되어줄 것이다. ■ **삶의 의미**

성격은
타고나는 것이 아니다

모든 성격적 특성은 타고나는 것이 아니며 아이가 택한 삶의 양식에 의해 습득된다. 성격적 특성은 아이의 창의적인 정신작용의 산물인 것이다.

애지중지 버릇없이 자라며 이기심만 키운 아이는 이기적이고 시기하는 특성을 대단히 강하게 발달시키게 마련이다. 그런 아이는 마치 적국(敵國)에 갇혀 지내는 사람처럼 살 것이며, 신경과민과 조급증, 인내심의 부족, 화를 폭발시키는 성향, 탐욕적인 천성을 보일 것이다. 이런 특성에는 보통 도망치려는 경향과 과도한 경계심이 수반된다. ■ **삶의 의미**

058

심리학자들과 철학자들도
각자의 삶의 양식을 보여준다

개인 심리학은 인생관은 그 사람의 삶의 양식에 의해 결정되고 또 삶의 양식의 일부라는 점을 입증함으로써 철학자들과 심리학자들이 내면세계를 서로 달리 해석하는 당혹스런 사실에 대해 어느 정도 설명할 수 있었다.

철학자들과 심리학자들은 각자의 인생철학에 따라 정해진 관점에서 마음과 정신을 본다. 따라서 응석받이 아이의 것과 비슷한 그릇된 인생관을 가진 철학자나 심리학자는 당연히 모든 문제는 사람이 원하는 것을 '얻지' 못하기 때문에 일어난다는 식으로 선언할 것이다.

그런 철학자나 심리학자는 또 모든 실패자들과 신경증 환자, 정신증 환자, 범죄자, 자살자, 성도착자들이 소망을 억압한 결과라는 주장을 당연한 것으로 받아들일 것이다. 그들은 현실 세계가 적대적이고 또 사라질 운명에 처해 있다는 식으로 생각할 것이다. ■ 삶의 의미

과도한 민감성은
열등감의 표현이다

이 척박한 지구 표면에서 살면서 편안함을 느끼고, 이 땅에서 사는 기쁨뿐만 아니라 불편까지도 공유하고, 사회의 행복에 무엇인가를 기여하기로 결심한 사람은 신경과민을 보이지 않을 것이다. 신경과민은 열등감의 표현이다. 이 열등감에서, 조바심과 같은 신경증 환자의 다른 특성들이 비롯된다. 조바심도 스스로 안전하다고 느끼는 사람이나 자신감이 강한 사람, 삶의 문제들을 당연한 것으로 받아들이는 사람에겐 나타나지 않는다.

■ 삶의 의미

060

옳은 길을 고집하다가
불행을 부를 수 있다

옳은 길을 지키는 것이 불행한 일로 드러나는 경우가 종종 있다. 놀랍게 들릴지 모르지만, 아마 모든 사람이 자신의 판단을 근거로 옳게 행동하고 있는데도 거기서 잘못된 일이 생겨나는 경험을 했을 것이다.

구체적인 예를 보자. 아이를 둘 낳고 결혼생활을 행복하게 영위하는 나의 여자 환자는 자신과 친하게 지내는 어떤 여자가 주변 사람들을 지배하려 드는 기질 때문에 6년 동안 속을 썩이고 있었다. 이 환자가 제시하는 증거를 보면 이런 식이다. 환자의 친구가 "개는 복종을 잘 하지만 멍청이야."라는 말을 하면서 마치 "너처럼."이라고 말하듯이 말끝에 나의 환자를 힐끗 본다는 것이었다.

이 여자 환자의 판단이 옳았다. 다만 그녀가 자신의 지식을 그릇 이용하고 있었을 뿐이다. 그녀는 모든 인간이 타인을 다소 멸시하는 태도를 숨기고 있는 한편으로 일부 훌륭한 자질들을 갖추고 있다는 점을 이해하려 하지 않고 자신의 지식을 바탕으로 친구를 공격하려 들면서 친구가 하는 모든 일에서 잘못된 점을 발견하고는 거기에 분노하고 있었다. 그녀는 다른 사람들보다 신경이 예민해서 친구의 마음속에서 벌어지고 있는 일을 잘 짐작할 수 있었다. 나의 환자 본인은 제대로 이해하지 못하고 있었을지라도, 그때 일은 그런 식으로 전개되고 있었다. ■ **삶의 의미**

061

각자의 삶의 시기를
고려해야 한다

환자를 다룰 때 삶의 시기를 고려하는 것도 아주 중요하다. 예를 들어 신경증적인 20세 소녀를 다룬다면, 상담사는 그녀가 사랑 문제로 힘들어하지 않는다면 직업과 관련 있는 문제로 괴로워한다고 가정해야 한다. 50세인 남자나 여자라면, 그 사람이 풀지 못하고 있는 것이 늙어가는 문제라는 점을 짐작하는 것은 그리 어렵지 않다.

사람들은 삶의 사실들을 절대로 그대로 느끼지 않으며 그 사실들에 대한 해석을 통해서 느낀다. 그것이 정상이다.

다양한 문제들을 치유하는 것은 오직 지적인 수단에 의해서만 가능하다. 말하자면 환자 본인이 사회적 감정을 발달시키고 자신의 실수에 대한 통찰을 높임으로써만 치료가 가능하다는 뜻이다.

■ 삶의 의미

개인적인 의미는
무의미하다

개인적인 의미는 사실 전혀 아무런 의미를 지니지 못한다. 의미는 오직 소통 속에서만 가능하다. 그래서 한 사람에게만 무엇인가를 의미하는 말은 아무런 의미를 지니지 못한다.

사람의 목표와 행동에 대해서도 똑같이 말할 수 있다.

사람의 목표와 행동의 유일한 의미는 다른 사람들에게 지니는 의미이다. 모든 인간 존재는 스스로 중요성을 확보하려고 노력한다. 그러나 그 노력의 의미가 다른 사람들의 삶에 기여하는지 여부에 달려 있다는 사실을 보지 못하는 사람은 언제나 실수를 저지르게 되어 있다. ■ **삶의 의미**

삶의 의미는
인류에 대한 기여에 있다

인류의 행복에 기여하지 않고 오직 자기 자신만을 챙긴 사람들에게 어떤 일이 벌어졌는가? 모두 흔적도 없이 사라졌거나 멸종되었다. 이것이 삶의 의미를 묻는 질문에 대한 대답이다.

■ 삶의 의미

chapter 3

삶의 양식에 대하여

우월을 추구하며 펴는 노력의 범위는
상상을 초월한다

한스 파이힝어의 'as if'(마치 …인 것처럼) 철학을 상기시키고 싶다.

예를 들어 어느 원주민의 종교에서 '마치 악어가 신인 것처럼' 악어를 신성한 존재로 선언한다고 가정하자. 그래도 악어의 신성을 진지하게 받아들이지 않는 사람이 있을 것이다.

그러나 악어가 신성을 지니고 있다는 점을 하나의 사실로 확립할 경우에 이 원주민 부족에는 엄청난 이점으로 작용할 것이다. 왜냐하면 '마치 …인 것처럼'이라는 개념에서 모든 폴로니어스(Polonius:셰익스피어의 '햄릿'에 나오는 인물로 양면성을 지니고 도덕적으로 해이한 모습을 보인다/옮긴이)들이 서로를 같은 형제로 볼 것이기 때문이다.

그들은 악어의 이름으로 만났고, 그 신성은 집단 이기주의의 한 표현에 지나지 않음에도 불구하고 시대의 욕구를 누그러뜨릴 것이다. 아마 이들 중 많은 사람들이 힘들어하며 비틀거리게 될 터인데, 일부 상황에선 그런 종교도 도움이 될 수 있다.

이렇듯, 삶에서 위안이나 우월, 성공의 가능성을 추구하려는 노력은 그 사람 본인이 이해하지 못하는 가운데서도 아주 멀리까지 나아갈 수 있다. 이것이 바로 개인 심리학이 '폴로니어스 콤플렉스'(Polonius complex: 셰익스피어의 '햄릿'의 한 장면('햄릿: 저기 흡사 낙타같이 생긴 구름이 보입니까? 폴로니어스: 덩어리로 뭉쳐 있으니 정말 낙타 같군요.')에서 따온 표현으로, 작은 쪼가리 정보에서 의미 있는 것을 보려는 경향을 일컫는다/엮은이)라고 부르는 현상이다. ■ **인격과 신경증의 일부로서의 콤플렉스 충동**

하나를 보면
열을 알 수 있다

익지 않은 시퍼런 과일의 외양은 잘 익은 과일의 외양과 많이 다르다. 그럼에도 개인 심리학자는 과일을 익지 않은 상태에서 보면서 그것이 어떤 모습으로 익어갈 것인지를 짐작할 수 있다. 익지 않은 과일은 익지 않은 실체 그 이상의 존재이다. 익지 않은 과일도 살아 있고, 노력을 펴고 있으며, 정신적 태도를 갖고 있다. 이 정신적 태도는 이상적이라고 판단한 어떤 형태를 추구하고 있으며, 고착된 관점에서 삶의 과제들을 직시하면서 그 과제들과 타협할 것이다.

아직 익지 않은 시기에 아이들이 펼치는 노력도 이미 자동적으로 이뤄진다. 이 노력은 더 이상 의식적이지 않다. 그럼에도 아이들의 노력은 예외 없이 모두 생존의 문제에 대한 대답이며, 이 대답은 아이의 삶의 양식에 의해 결정된다.　■ 문제아

066

신경증 환자는
행동반경이 좁다

그릇된 행동을 정상적인 수준 이상으로 자주 하는 아이가 훗날 실패자가 된다면, 그 아이는 절대로 신경증 환자는 되지 않을 것이다. 그의 실패는 다른 형태로, 말하자면 범죄나 자살, 알코올 중독 등으로 나타날 것이다.

　신경증 환자의 경우에는 행동반경이 그리 멀리 확장되지 않는다고 단언해도 좋다. ■ **삶의 의미**

사소해 보이는 어린 시절의 기억에 문제 해결의 열쇠가 들어 있다

나의 환자가 어린 시절에서 길어 올린 최초의 기억은 이렇다. '네 살 때 창가에 앉아서 길 건너편에서 일꾼들이 집을 짓는 것을 지켜보았다. 그때 어머니는 뜨개로 양말을 짜고 있었다.'

이런 기억은 별로 중요하지 않다는 식의 반대 의견이 나올 수 있다. 절대로 그렇지 않다. 나의 환자가 어린 시절의 기억으로 선택한 것이 정말로 최초의 것인지 여부는 중요하지 않다. 어린 시절의 기억은 이런저런 관심 때문에 그가 특별히 끌린 기억임에 틀림없다. 삶의 양식에 따라 작동하기 마련인 기억 작용은 그의 개인적 성향을 강하게 암시하는 사건을 선택하게 된다.

이 사람이 응석받이로 자란 아이라는 사실은 그의 기억이 근심하는 어머니를 포함하고 있다는 점에서 드러나고 있다. 그러나 그보다 더 중요한 사실이 확인되고 있다. 그는 다른 사람이 일하는 모습을 지켜보고 있다. 그가 삶을 준비하는 태도는 방관자의 태도이다. 그 이상은 아니다. 그 범위를 넘어서려 하면, 그는 벼

랑 위에 서는 느낌을 받으며 자신의 무가치가 발각될까 두려워하며 뒤로 물러설 것이다.

그가 집에서 어머니와 함께 지낼 수 있다면, 또 그가 다른 사람들이 일하는 것을 지켜보고만 있을 수 있다면, 그에겐 잘못될 게 하나도 없을 것이다. 그는 자신의 행동 노선을 추구하면서 어머니를 지배하는 것을 자신의 유일한 우월 목표로 잡고 있다.

■ 삶의 의미

막내는
주변을 지배하려 든다

한 가족의 막내에 대해서 많은 이야기가 가능하다. 막내는 자신
이 다른 가족 구성원들과 근본적으로 다른 상황에 처해 있다는 사
실을 깨닫는다. 막내는 절대로 외동아이가 될 수 없다. 언제나 자
기보다 나이가 많은 형제가 있기 때문이다. 다른 형제들은 언제나
뒤에 형제를 두게 되지만, 막내는 뒤에도 아무도 두지 않는다.

　막내는 둘째처럼 앞에 형제를 두고 있지만 종종 형제를 여럿
두게 된다. 막내는 대개 나이가 많은 부모의 애지중지 보살핌 속
에 자란다. 또 가장 작고 약한 존재로 여겨지는 당혹스런 상황을
경험한다. 또 막내는 대체로 진지하게 받아들여지지 않는다. 전
반적으로 볼 때 막내의 운명은 불행하지 않다. 막내는 언제나 자
기 앞에 있는 다른 형제들을 지배하려고 노력한다. ■ **삶의 의미**

069

소심함은 자신의 개성을
낮게 평가하는 것이다

개인 심리학의 잣대를 적용하면, 소심하다는 것은 곧 그 사람이 자신의 개성을 낮게 평가한다는 뜻이다. 혹은 결국 같은 의미이긴 하지만 타인들을 과대하게 평가한다는 뜻이다. ■ **문제아**

070

삶의 양식은
사람 수만큼이나 다양하다

개인이 삶을 위해 구체적으로 선택하는 도구는 그 사람의 체질과 환경, 시대, 그리고 그가 맞닥뜨리는 저항에 따라 달라진다. 그러기에 야심찬 인물의 공격성과 성자(聖者)의 순종만큼이나 서로 크게 다른 삶의 양식이 존재할 수 있는 것이다. 어쩌면 베니토 무솔리니(Benito Mussolini)와 마하트마 간디(Mahatma Gandhi)는 서로 똑같은 목표를 추구하고 있었을지도 모른다. 단지 시대와 환경이 그들로 하여금 서로 관련 없는 수단을 선택하도록 강요했을 수 있는 것이다.

아이들의 삶의 양식은 종종 부모의 특별한 관심에 좌우된다. 목사의 아들이 자주 범죄자가 되고, 변호사나 경찰관의 아들이 종종 범죄자가 되는 것은 결코 우연이 아니다. 반항 기질이 있는 아이는 부모의 고압적인 권위에 압도당하고 있다고 느껴지면 재빨리 부모의 심리적 약점을 찾고 부모의 삶의 양식이 지닌 아킬레스건을 건드리는 경향을 보인다.

형의 재능이 탁월한 경우에 동생은 같은 분야에서 경쟁할 것을 두려워하며 다른 영역의 활동을 택할 수 있다. 장남이 아버지의 모델을 따르고 있다면, 둘째는 가족의 총애를 놓고 첫째와 경쟁을 벌이면서 거의 틀림없이 어머니를 이상(理想)으로 선택함과 동시에 형의 모델을 비하하고 자신에게 남은 유일한 길을 따르면서 안전과 통일성을 추구할 것이다.　■ **삶의 양식**

인간의 영혼은
존재가 아니라 생성이다

인간 영혼의 삶은 하나의 '존재'(being)가 아니라 하나의 '생성'
(becoming)이다. … 인간의 삶은 생성 과정에 있다. 오늘 우리가
경험하는 것은 단지 완벽한 모습이라는 목표를 추구하는 노력의
과정에 하나의 점(點)에 불과하다. ■ **문제아**

—— *072* ——

모든 아이는
가장 먼저 열등감을 느낀다

모든 아이는 삶을 시작함과 동시에 열등감을 느끼며 그 열등감을 보상하려고 노력한다. 그래서 아이는 우월 혹은 완성이라는 목표를 향해 나아가려는 경향을 보이고, 현실에서 직면하는 모든 어려움에 대처하면서 자신의 파워를 사용하기 시작한다. 이때 아이의 노력은 삶의 유익한 면으로 향할 수도 있고 삶의 해로운 면으로 향할 수도 있다. 삶의 유익한 면이란 공동선을 추구하면서 상식을 따르려는 노력을 말한다. ■ **문제아**

111

073

타인들과 연결되어 있다는 감정은
하나의 전제조건이다

타인들과 연결되어 있다는 감정을 느끼지 못하는 상태에서, 아이가 사회적 감각을 발달시킬 길을 어디서 찾을 수 있겠는가?

아이에게서 타인에 대한 관심이 부족하다는 점이 이미 겉으로 구체적으로 드러나기 시작했다고 가정해 보자. 그러면 다른 사람들에겐 전혀 관심을 기울이지 않은 채 삶을 살겠다는 목표가 아이에게 생겨나고, 언제나 받기만 하고 주지는 않는 그런 태도가 자리 잡기 시작한다.

그렇다면 자신의 가치를 소중히 여기는 감각은 어떻게 생겨나는가? 스스로 적절한 자리를 차지하고 있다고 느끼는 아이들만이 그런 가치감을 가질 수 있을 것이다. 스스로를 전체 공동체의 일부로 받아들이지 않는 아이는 절대로 그런 가치감을 깨닫지 못할 것이다. ■ **문제아**

마음씨가 고운 것도
소심함의 한 측면일 수 있다

마음씨가 고운 것도 소심함의 한 측면에 지나지 않을 수 있다. 어떤 삶의 양식이 가진 여러 측면 중에서 한 가지 요소만을 따로 분리시켜 생각하는 것은 불가능하고, 모든 것은 여러 측면을 갖게 마련이라는 것이 개인 심리학의 기본 입장이다.

친절함이 부정적인 무엇인가를 표현하고 있을 수도 있다. "아름다움이 추함이 되고, 추함이 아름다움이 된다"는 말도 있지 않은가. 어떤 사람의 삶의 양식을 먼저 파악하지 않고는 그 사람의 내면에서 일어나는 일을 이해할 수 없는 것은 바로 이런 다양성 때문이다.　　　　　　　　　　　　　■ 문제아

075

누구에게나
이웃을 얕보는 경향이 있다

나는 억압당하는 흑인이나 유대인과 대화할 기회를 많이 가졌
다. 그럴 때면 나는 언제나 그들에게 인간이 이웃을 얕보는 경향
을 전반적으로 갖고 있다는 사실에 주목할 것을 요구했다. 사람
은 누구나 자신에게 싸구려 우월감을 안겨줄 것을 찾으려고 노
력한다.

프랑스 사람은 독일인을 열등한 민족으로 여기고, 독일인은 자
신을 선민(選民)으로 여긴다는 점을 누구도 부인하지 못한다. 중
국인은 일본인을 경멸한다. 여행을 많이 해본 사람들은 인간은
언제나 다른 사람들을 낮춰볼 길을 찾으려 든다는 점에서 다소
똑같다는 사실을 발견한다.

다른 사람들로부터 질투하거나 시기하는 눈길을 받아보지 않
은 사람이 있는가? 누군가가 인종이나 종교, 머리카락 색깔 등을
이유로 우리를 얕본다면, 우리가 그 문제를 진지하게 받아들여야
할 이유가 있을까? 이 같은 멸시는 단지 인간이 공통적으로 갖고

있는 어떤 경향, 다시 말해 일반적인 어떤 강박 신경증이 구체적

으로 나타난 것에 지나지 않으니 말이다.　　　　■ 문제아

내면생활은
관계들의 총합이다

사람의 내면생활은 관계들의 총합에 지나지 않는다. 생리학과 생물학에서 개별적인 부분, 예를 들어 충동과 본능이 무엇인지를 찾는 것은 흥미로운 일이다. 그러나 거기엔 심리가 전혀 없다. 오직 관계만이 심리를 말해줄 뿐이다.

예를 들어, 어떤 아이에게 질문을 하지 않고는 우리는 이 아이에게서 의미 있는 대답을 좀처럼 끌어내지 못한다. 우리가 묻기 전까지는 아이가 어떤 식으로 대답할 것인지를 우리는 절대로 알지 못한다. 또 아이가 어떤 과제를 직면하게 될 때까지는 아이가 거기에 어떤 식으로 반응할 것인지를 알지 못한다.　■ **문제아**

남성적인 특징과 여성적인 특징을 구분하는 것은 합당하지 않다

남성적인 성격적 특징과 여성적인 성격적 특징을 구분하는 것은 온당치 않다. 두 종류의 특징들이 똑같이 권력 추구에 이바지할 수 있다는 사실이 확인되기 때문이다. 말하자면 사람은 "여성적인" 수단, 예를 들어 순종과 복종을 통해서도 권력을 행사할 수 있는 것이다.

순종적인 아이는 순종적인 태도의 이점을 이용하여 반항적인 아이보다 훨씬 더 앞으로 나아갈 수 있다. 이 경우에 순종적인 아이나 반항적인 아이나 똑같이 권력을 추구하고 있다고 할 수 있다. 이렇듯 사람들이 권력을 추구하면서 타인을 지배하기 위해 동원하는 성격적 특징들이 너무나 다양하기 때문에, 사람의 내면을 정확히 알아내는 것은 대단히 어려운 작업이다.

■ **남자와 여자의 협동**

078

당신의 운명은
당신 스스로 엮어내는 것이다

우리는 자신의 경험에 부여하는 의미를 통해서 운명을 스스로 엮어나간다. 그리고 우리가 특별한 경험들을 미래의 삶의 바탕으로 삼을 때, 거기에는 언제나 약간의 실수가 작용하고 있을 것이다.

의미를 결정하는 것은 상황이 아니다. 우리가 상황을 해석함으로써 의미를 만들어낸다. 우리는 상황에 부여하는 의미를 통해서 자신의 운명을 스스로 결정하고 있다. ■ **삶의 의미**

chapter 4

사회적 관심에 대하여

사회적 감정은
인간의 나약함을 보완한다

사회적 감정은 개별 인간 존재가 타고난 모든 약점을 보완하는 것으로서, 인간의 생존에 불가피한 요소이다. … 사회적 감정은 타고나는 잠재력이며, 따라서 반드시 의식적으로 개발해야 한다.

■ **아들러의 개인 심리학**

삶의 과제를 해결하는 데는
사회적 감정이 가장 중요한 요소이다

'살인하지 말라'는 계율과 '네 이웃을 사랑하라'는 계율은 연방 대법원과 같은 것으로서 우리의 지식과 감정에서 절대로 지워지지 않는다. 진화의 결과물임과 동시에 호흡과 직립보행만큼이나 인간에게 고유한 사회생활에 관한 이 규범들은 이상적인 인간 공동체라는 개념으로 구현될 수 있으며, 진화를 자극하는 충동이자 진화의 목표로 여겨질 수도 있다.

이 규범들은 개인 심리학에 다림줄(어떤 것이 수직을 유지하고 있는지를 확인하기 위해 추를 달아 늘어뜨린 줄을 일컫는다/엮은이)을 제공하고 있으며, 행동의 목표와 유형의 옳고 그름은 이 규범들에 의해서만 평가될 것이다. 개인 심리학이 가치의 심리학이 되는 것이 바로 이 지점이다. 연구와 발견을 통해서 진화를 촉진시키는 의학이 가치의 과학으로 평가받는 것과 똑같다.　■ **삶의 의미**

사회적 감정은
삶을 소중하게 여기는 태도이다

사회적 관심 또는 사회적 감정은 감정 그 이상이다. 그것은 삶을
소중하게 여기는 태도이다.   ■ **아들러의 개인 심리학**

사회적 감정의 결여는
곧 재앙이다

사회적 감정의 결여는 언제나 심각한 열등감 때문에 생긴다. 사
회적 감정의 결여는 개인을 신경증 또는 범죄 쪽으로 몰아붙이
고, 집단과 민족을 자멸의 나락으로 밀어 넣는다.

■ **아들러의 개인 심리학**

인류의 진보는 곧
사회적 관심의 발달이다

개인 심리학은 인류의 진보를 사회적 관심이 발달하는 것으로
본다. 솔직히 말해, 오늘날 사회적 관심의 수준은 여전히 낮은 편
이다. "이웃까지 돌봐야 할 이유가 있어?"라든가 "나중에야 홍수
가 나든 말든 내가 상관할 바 아니야."라는 표현에서 사회적 관심
의 정도가 잘 드러나고 있다.

그럼에도 사회적 관심은 지속적으로 성장하고 있다. 바로 이런
이유로, 시대가 아무리 암울해 보일지라도, 개인과 집단이 더욱 발
달할 것이라는 믿음만은 여전히 강하다. 사회적 관심은 지속적으
로 커가고 있고, 인류의 진보는 사회적 관심의 발달이다. 그러므로
인류가 존재하는 한, 인류의 진보는 불가피하다.　■ **사회적 관심**

어떤 것이 아름답거나
훌륭한 이유는?

우리가 '훌륭하다'고 부르는 것은 그것이 모든 인간들에게 유익하다는 점에서 훌륭하다는 뜻이다. 마찬가지로, 우리가 '아름답다'고 부르는 것은 그것이 모든 인간들에게 유익하다는 점에서 아름답다는 뜻이다. 여기서도 확인하듯, 공동체 개념은 우리의 언어와 관념에도 깊이 뿌리 박혀 있다. ■ **문제아**

전체 인류의 일부가 되어
선을 추구하는 것이 인간의 길이다

한 사람의 인간 존재가 된다는 것은 전체 인류의 일부가 되는 것이고, 스스로를 전체 인류의 일부로 느끼는 것이다. 아직도 많은 사람들이 이 길을 발견하지 못하고 있다면, 그것은 중대한 실수이다. 전체적인 맥락을 파악한 사람이라면 어느 누구도 사회의 선(善)을 향해 움직이는 그 흐름에 동참하는 일을 결코 망설이지 않을 것이다. ■ 문제아

인간 존재는
원래 공동체를 지향하게 되어 있다

'인간 존재'라는 개념 자체가 인간은 '동료 인간들'과 분리 불가
능하게 연결되어 있다는 뜻을 담고 있다. 인간 존재들이 육체적
으로나 정신적으로 발달하는 데 필요한 제1의 조건은 동료애이
다. 인간 존재들은 사회적 요구를 충족시켜야만 존재할 수 있고
성장할 수 있다. 언어와 이해(理解), 문화, 윤리, 종교, 국적, 시민
권 등은 대체로 인류의 존속을 보장하기 위한 사회적 형식들이
다. 이런 삶의 형식들은 이 지구 위에서 영위되고 있는 삶의 모습
을 잘 보여주고 있으며, 그 삶은 공동체를 향한 충동 만큼이나 강
하고 확고하다. 인간 존재들은 이 전제조건으로부터 자유로운 상
태에서는 절대로 발달을 꾀하지 못한다. ■ **하나의 과제로서의 결혼**

동료 인간들에 대한 관심이
삶의 기본이다

삶을 살면서 어려움을 가장 많이 겪고 또 타인들에게 상처를 가
장 많이 입히는 사람은 동료 인간들에게 관심을 주지 않는 사람
이다. 인류의 모든 실패는 바로 그런 사람들로부터 생겨난다.

■ **삶의 의미**

어머니는 사회적 감정이
솟아나는 샘을 잘 지켜야 한다

어머니들은 사회적 감정이 솟아나는 샘가에 앉아 있다. 어머니들은 이 샘을 신성하게 지켜야 한다. 이 샘에서 생겨나는 모든 것은 오랜 시간을 두고 지속적으로 발달하게 되어 있으며, 최종적으로 자동적인 정신 기제(機制)로 자리 잡게 된다. 결과적으로, 이 샘이 아이의 삶의 형식을 결정짓게 되는 것이다. ■ **문제아**

사회적 관심을 키우는 좋은 방법은
우정을 쌓는 것이다

사회적 관심을 훈련시키는 한 방법은 우정을 쌓는 것이다. 사람들은 우정을 나누면서 타인의 눈으로 보고, 타인의 귀로 듣고, 타인의 가슴으로 느끼는 방법을 배운다.

언제나 보살핌을 받으며 친구를 사귀지 못한 가운데 성장한 아이는 타인과 동일시하는 능력을 제대로 발달시키지 못한다. 그런 아이는 언제나 자신을 세상에서 가장 중요한 존재로 여기며 자신의 행복을 지키려 노심초사하게 된다.　■ **남자와 여자의 협동**

공동체 감정에
해답이 있다

공동체에 이바지할 수 있는 것만을 도덕적이고 윤리적이라고 부를 수 있다. 미학에 대해서도 똑같이 말할 수 있다. 우리가 아름답다고 부르는 것은 공동체에 영원한 가치를 지녀야 한다. 미(美)의 이상에 아주 과감한 변화가 일어난다 할지라도, 유일하게 지속될 수 있는 미의 형식은 영원을 추구하고, 인류의 행복에 필요한 조건과 일치하는 그런 형식일 것만은 확실하다. ■ **문제아**

사람의 가치는 공동체의 분업에서 맡은 역할에 따라 결정된다

사람의 가치는 그 사람이 공동체의 분업에서 자신에게 주어진 자리를 어떤 식으로 채우느냐에 따라 결정된다. 사람은 사회적 삶을 긍정적으로 받아들임으로써 타인들에게 의미 있는 존재가 되고 또 동시에 인류의 존속을 가능하게 하는 체인의 수많은 고리 중 하나가 된다. 이 체인의 고리들 중 많은 것이 빠지게 되면, 결과적으로 사회적 삶이 붕괴하고 말 것이다. ■ **여자와 남자의 협동**

언어는
사회적 기능이다

응석을 받아주는 사람이 언제나 아이가 해야 할 과제를 대신해 준다면, 당연히 그 아이는 말을 배울 필요성을 느끼지 못한다. 아이들은 환경에 맞춰서 자신의 기능을 개발하고 규제한다.

청각 장애와 언어 장애를 동시에 가진 농아 부부의 아이에 대한 이야기가 있다. 아이는 완벽하게 정상이었다. 말도 정상이고 이해력도 정상이었다. 당연히 이 아이도 마음에 상처를 입으면 울었다. 그러나 울음소리는 전혀 내지 않았다. 눈물이 아이의 뺨을 타고 흘러내리고, 얼굴 표정도 슬펐다. 그래도 아이가 우는 소리는 들리지 않았다. 아이는 엄마 아빠 앞에서 소리 내어 울어봐야 아무 소용이 없다는 사실을 잘 알고 있었던 것이다. 그렇듯, 아이의 기능은 환경에 따라 발달한다. 아이의 기능이 달리 발달할 수 있는 길은 없다.

■ 문제아

사회적 관심이 더 이상
문제가 되지 않는 날이 와야 한다

과거에 사회적 관심을 가르치는 것은 언제나 종교의 몫이었다. 모든 종교는 사회적 관심을 바탕으로 했다. "네 이웃을 사랑하라."는 가르침도 한 예이다. 우리 시대에 들어와서 이 가르침에 의문이 제기되고 있다. "왜 내가 이웃을 사랑해야 되지?"

지금도 사회적 관심을 논의할 필요가 있다. 그러나 미래의 언젠가는 인류가 사회적 관심에 대해 더 이상 논의하지 않게 될 것이다. 사회적 관심이 너무나 자연스럽게 저절로 발산되고, 살아 숨쉬며 온 곳에서 작용할 것이고, 따라서 우리 시대의 절망과 불행은 더 이상 일어나지 않을 것이기 때문이다. 인류가 사회적 관심이 더 이상 문제가 되지 않는 수준에 도달하기만 하면, 모든 전쟁과 고통, 인류의 괴로움은 사라질 것이다. ■ **개인 심리학의 일반 체계**

094

사회적 감정의 바탕은
이성과 논리이다

이성과 논리에 가장 호의적인 사람들, 말하자면 사회적 감정이 가장 덜 뒤틀린 사람들이 타인의 영향을 가장 잘 받아들인다. 반면에 개인적 우월에 목말라하고 지배를 갈망하는 사람들에겐 영향력을 행사하기가 아주 어렵다. 이것은 관찰을 통해 끊임없이 확인되는 현상이다. ■ **인간 본성 이해**

상식은 모든 인류의 경험에서 나온 이상이다

지금까지 상식은 오해를 받으며 과소평가되어 왔다. 특히 상식을 제대로 갖추지 않은 사람들이 상식을 경시하는 데 앞장섰다. 상식은 모든 인류가 경험한 결과 얻게 된 전반적인 이해를 표현하고 있는 이상(理想)이다. 상식도 당연히 변화를 겪게 마련이다. 상식이 우리 삶의 모든 필요와 연결되어 있기 때문이다. 그럼에도 상식은 우리의 문제들 대부분에 대한 해결책을 내놓을 수 있다.

개인 심리학은 일반 대중의 의견에서는 상식을 많이 발견하지 못할 것이라고 믿고 있다. 일반 대중의 의견도 변화하게 되어 있다. 과거에 요술에 대한 일반적인 믿음이 있었다는 사실을 우리는 잘 알고 있다. 그래도 우리는 그것을 상식이라고 부르지 않는다. 마찬가지로, 우리는 '일반적으로 받아들여지는' 동시대의 많은 관점을 상식과 조화를 이루는 것으로 여기지 않을 것이다.

■ 삶의 의미

096

함께 있기 불편한 사람은
우월을 노리고 있는 사람이다

함께 어울리기 힘든 사람을 다룰 때마다 지켜야 할 원칙 한 가지
는 그 사람이 개인적 우월을 확보하려고 노력하고 있다는 점을
잊지 않는 것이다. ■ **사회적 관심**

범죄의 원인은
사회적 관심의 결여이다

불리한 상황 자체가 범죄의 원인은 아니다. 미국에서 아주 쉽게, 또 빨리 부자가 될 기회가 많았던 경제 호황기에 범죄 행위가 늘어났다는 사실이 그 점을 잘 보여주고 있다.

범죄 성향의 원인을 찾는 과정에 틀림없이 어릴 적에 불우한 환경에 살았다는 사실이 확인될 것이다. 대도시의 특정 지역에 범죄자가 많은 것으로 확인될 수 있지만, 그래도 그것을 근거로 불리한 환경이 곧 범죄의 원인이라는 식으로 결론을 내려서는 안 된다.

그런 열악한 조건에서 사회적 감정이 적절히 발달하기를 기대하기 어려운 것도 틀림없는 사실이다. 게다가 일찍부터 박탈과 결핍 속에서 성장할 경우에 훗날 삶에 필요한 준비를 제대로 갖추지 못하게 된다는 점도 잊지 말아야 한다. 그런 환경에 사는 아이는 다른 사람들의 호의적인 조건과 자신의 처지를 비교하며 삶에 항의하느라 사회적 감정을 제대로 발달시키지 못하게 된다.

그럼에도 불리한 상황이 범죄의 원인은 아니라는 것을 매우 인상적으로 보여주는 증거는 영(Young) 박사가 어느 이민자 종파를 대상으로 범죄 현황을 연구한 논문이다. 이 종파 중 이민 1세는 고립된 채 가난에 찌든 삶을 영위했는데도 그들 사이에 범죄자는 전혀 없었다. 두 번째 세대 들어서도 아이들이 공립학교에 다녔지만 여전히 종파의 전통대로 길러졌으며 가난과 신앙심 속에서 살았다. 그런데 이민 2세들 사이에 이미 범죄자가 상당수 생겨났으며 3세들 사이에는 놀랄 정도로 많아졌다.

'타고난 범죄자'라는 식의 인식은 당연히 버려져야 한다. 개인 심리학의 발견은 어린 시절의 심각한 열등감과 우월 콤플렉스의 형성, 사회적 감정의 불완전한 발달에 주의를 기울일 것을 요구하고 있다. ■ **삶의 의미**

098

사형은 범죄 억지력을
발휘하지 못한다

범죄자의 심리를 들여다보면, 사형이 범죄 억지력을 전혀 발휘하지 못하는 이유가 이해된다. 범죄자의 본성에서 가장 중요한 것은 자신의 숙명에 대한 믿음이다. 실제로, 범죄자는 언제나 자신은 붙잡히지 않을 것이라고 확신하면서 자신의 꾀에 의존한다. 그러다가 붙잡히기라도 하면 범죄자는 언제나 불운을 탓할 것이다. 다른 범죄자들이 경찰에 붙잡혔다는 소리를 들을 때에도, 범죄자는 자기였다면 체포되지 않았을 것이라고 강하게 믿는다.

이런 상황에서, 범죄자가 경찰과 사법제도와 벌이는 대결이 범죄자의 삶의 양식에 중요한 역할을 한다는 점을 충분히 이해할 수 있다. 위험이 클수록, 범죄자가 범죄에 성공할 경우에 느끼는 승리의 감정도 더 커질 것이다.

따라서 한편으론 범죄자가 자신의 숙명에 대한 맹신 때문에 사형을 두려워하지 않거나 사형을 심각하게 받아들이지 않는다는 것이 이해될 것이다. 다른 한편으론, 사형 집행이 가능하고 범죄

자가 사형에 자극을 받을 경우에 범죄자가 반사회적인 영웅심을
더욱 강하게 느끼게 된다는 것이 이해될 것이다.

■ **사형 혹은 사회적 관심**

범죄자들은
겁쟁이이다

모든 범죄자들은 겁쟁이이다. 그들은 해결하지 못하겠다는 느낌이 드는 문제는 모두 피하려 든다. 범죄자들은 범죄 행위에서뿐만 아니라 일상의 삶에서도 소심함을 보인다. 범죄자들은 자신이 용감하다고 생각하지만 실제로는 절대로 그렇지 않다. 겁쟁이가 영웅적인 행위를 모방하는 것이 바로 범죄이다.

  범죄자들은 개인적 우월이라는 목표를 추구하고 있고 또 자신이 영웅이라고 믿고 싶어 하지만, 이것 또한 상식에서 벗어난 생각이다. 범죄자들은 범죄를 저지르다 발각되면 이런 식으로 생각한다. "이번에는 내가 충분히 똑똑하지 못했어. 다음번에는 걸리지 않을 거야." 만일 범죄가 발각되지 않고 넘어가면, 범죄자들은 목표를 달성했다고 느낀다. 말하자면 자신이 탁월하고 주변 사람들로부터 존경을 받고 있다고 느끼는 것이다.

■ 개인 심리학의 실천과 이론

chapter 5

교육에 대하여

너무도 소중한 존재,
그 이름은 어머니

어머니라는 존재는 본래 모성애를 통해서 아이에게 동료 인간
들과 함께 사는 경험을 안겨주는 데 가장 적합한 사람이다. 사회
적 감정의 발달로 이어질 길의 초입에 첫 번째 인간 동료로 서
있는 어머니를 통해서, 아이는 인류 전체의 일부로 삶을 시작하
고 세상 속의 다른 사람들과 제대로 접촉하겠다는 충동을 느끼
게 된다.

　이때 문제가 일어날 수 있다. 어머니가 아무런 생각 없이 아
이를 다룬다면, 아이가 다른 사람들을 접촉할 기회를 제대로 누
리지 못하게 된다. 혹은 어머니가 자신의 임무를 지나치게 가볍
게 받아들일 때에도 문제가 일어날 수 있다. 아니면 빈번히 일어
나듯, 어머니가 나서서 아이가 다른 사람들을 돕거나 다른 사람
들과 협동하는 일 자체를 불필요하게 만들어 버린다면, 또 어머
니가 아이를 지나치게 애지중지 키우면서 아이를 대신해 행동
하고 생각하고 말한다면, 아이는 스스로 발달할 기회를 박탈당

할 뿐만 아니라 자신의 환경과 완전히 다른 세상을 탐험할 기회
마저 누리지 못하게 된다.　　　　　　　　■ **삶의 의미**

아이들의 삶을 용이하게 만들어 주는 것은 오히려 나쁘다

개인 심리학은 아이들이 쉽게 살아갈 수 있도록 해 줘야 한다는 주장에 동의하지 않는다. 그런 주장을 펴는 사람들은 어려움만 제거되면 모든 것이 제대로 돌아갈 것이라고 믿는 사람들이다. 그러나 세상의 일은 그렇게 단순하지 않다. 사회적 감정만 해도 개인이 특별히 창의적으로 노력할 때에만 생겨날 수 있다.

■ 문제아

터울이 크지 않은 여동생을 둔 오빠는 무척 어려운 상황에 처한다

나이 차이가 많이 나지 않는 여동생을 둔 장남에게 특별한 어떤 문제가 자주 일어나는 것 같다. 이런 상황에 처한 첫째 아이의 사회적 감정이 종종 심각하게 훼손되는 것이다.

이유는 무엇보다 소녀들이 17세까지 소년들에 비해 육체적으로나 정신적으로 월등히 더 빨리 성장하면서 오빠의 뒤를 바짝 뒤쫓으며 압박을 가하기 때문이다. 또 오빠 쪽에서도 먼저 태어났다는 사실을 근거로 자신을 내세우려 노력할 뿐만 아니라 남자의 역할을 그릇된 방향으로 이용하려 드는 탓에 사회적 감정을 제대로 발달시키지 못하기 때문이다. ■ **삶의 의미**

아버지의 역할은
대단히 미묘하다

아버지의 인격이 아이가 사회적 감정을 발달시키는 데 위험 요소로 작용할 수 있다.

어머니는 아버지로부터 아이와 영속적인 관계를 창조할 기회를 빼앗지 말아야 한다. 아버지도 아이의 응석을 받아주거나, 본인의 사회적 감정이 불완전하거나, 아이가 아버지를 좋아하지 않을 경우에는 아이와 영속적인 관계를 제대로 형성하지 못한다. 아버지는 아이를 위협하고 처벌하는 사람으로 찍혀서도 안 되며, 아이가 뒷전으로 밀려난다는 느낌을 받지 않을 만큼 아이에게 시간과 애정을 충분히 쏟아야 한다.

아버지의 행동 중에서 특별히 해로운 것들이 있다. 아버지는 아이에게 과도한 애정을 쏟음으로써 어머니를 대체하려 들어서도 안 되고, 어머니의 응석받이 양육 방식을 바로잡기 위해 거친 방법을 채택함으로써 아이를 오히려 어머니 쪽으로 더욱 몰아붙이는 결과를 낳아서도 안 되고, 자신의 권위와 원칙을 아이에게 강요하려 들어서도 안 된다. 아버지가 권위와 원칙을 내세울 경우에 아이의 복종을 끌어낼 수는 있을지 몰라도 협동과 사회적 감정은 절대로 불러일으키지 못한다. ■ **삶의 의미**

학교는 아이의 삶의 태도를 테스트할 수 있는 시험과 비슷하다

학교는 그 효과 면에서 보면 하나의 시험과 비슷하다. 학교는 아이를 받아들인 첫날부터 아이가 협동하는 능력을 어느 정도 길렀는지를 보여준다. 또 학교는 아이를 현명하게 다룸으로써 아이의 사회적 감정을 증대시킬 수 있는 적절한 장소이기도 하다. 학교가 역할을 제대로 한다면, 아이는 사회의 적(敵)으로 학교를 나서지 않을 것이다.

학교에서의 성공도 주로 아이의 사회적 감정에 좌우된다는 데에는 이견이 없다. 정말로, 어떤 아이가 나중에 공동체에서 어떤 형태의 삶을 영위할 것인지를 짐작하게 하는 것은 그 아이가 학교에서 보이는 사회적 감정이다. 훗날 다른 사람들과 함께 어울려 사는 데 아주 중요한 우정, 정직과 신뢰성과 협동 정신을 요구하는 동료의식, 국가와 민족과 인류에 대한 관심 등은 모두 학교에서 생활하는 동안에 아이의 삶에 녹아든다. 무엇보다 학교는 동료의식을 일깨우고 배양할 수 있어야 한다.　■ **삶의 의미**

105

아이를 칭찬하거나 꾸중할 때에는 아이의 인격을 들먹이지 마라

부모의 조바심과 가정불화, 교육에 관한 의견 불일치 등은 아이가 사회적 감정을 발달시키는 데 장애가 된다. 가능하다면 아이를 어른들의 집단에서 배제시키는 일을 피하도록 하라. 칭찬을 하거나 탓을 할 때에는 아이의 인격을 들먹이지 말고 아이가 훈련 중에 경험하고 있는 성공이나 실패를 구체적으로 제시하도록 하라. ■ 삶의 의미

질병을 예방하려다가 사람들과의
접촉을 차단하는 일은 없어야 한다

아이에게 해로운 것이 보이면 무엇이든 바람직한 방향으로 바로
잡아 줘야 한다는 점에 대해서는 말할 필요조차 없다. 어떠한 경
우에도 아이가 스스로 실수를 '극복하게 될' 것이라는 식으로 안
이하게 넘어가선 안 된다.

또한 아이의 질병을 예방하는 방향으로 최대한 노력하되 그렇
다고 아이를 소심한 아이로 만들어서는 안 되며 다른 사람들과
의 접촉을 막지 않도록 최대한 노력해야 한다.

아이에게 지나치게 많은 육체적 혹은 정신적 역량이 요구되는
것을 부담지우면 아이가 고통이나 피로를 느끼면서 삶을 직접
대면하지 않으려는 태도를 키울 수 있다. 예술과 과학 쪽의 공부
는 언제나 아이가 받아들일 수 있는 범위 안에서 이뤄져야 한다.

■ 삶의 의미

107

부모는 자신의 행동이
아이에게 끼칠 영향부터 생각해야 한다

외동아이가 겪는 어려움은 다소 널리 알려져 있다. 끊임없이 걱정하는 부모와 과도하게 염려하는 어른들 틈에 끼어 자라면서, 외동아이는 매우 일찍부터 자신을 중요한 존재로 여기고 거기에 따라 행동하는 법을 배운다. ■ 삶의 의미

아이는
부모를 비추는 거울이다

아이의 외부 환경 중에 아이의 인격의 발달에 영향을 미치는 가장 중요한 요소는 가족 환경이다. 아이는 부모와의 관계 속에서 사회를 대충 경험한다. 부모는 가족 환경을 조성하고, 아이는 그 환경 안에서 부모를 통해서 경제적, 인종적, 종교적, 사회적 영향을 경험한다. 아이는 가족의 가치와 도덕, 전통을 흡수하고 부모가 제시하는 패턴이나 기준 안에 스스로를 맞추려고 노력한다. … 만일 부모가 자신과 다른 사람들을 멸시한다면, 아이들은 인종과 사회적 관계에서 개인적 우월을 추구하려 들 것이다. 아이들은 자기 아버지와 어머니가 서로를 대하는 태도도 너무나 잘 관찰한다. **■ 아들러의 개인 심리학**

동생의 출생은 아이들에게
언제나 대사건이다

어떤 소년은 5년 동안 경제적으로 풍족한 부모의 외동아들로 구김살 없이 자랐다. 그러던 소년이 엇나가기 시작한 것은 바로 여동생이 태어나 '가족의 별자리'에서 중요한 역할을 맡고 나선 그때부터였다. ■ **아들러의 개인 심리학**

4세나 5세에
모든 것이 결정된다

아이가 학교에 들어가는 시기가 아이의 인생에서 가장 중요한 때
라는 점을 잊지 말아야 한다. 4세 혹은 5세가 되면 삶의 양식이 이
미 확고히 정해지기 때문에 이후로는 외부 영향으로는 더 이상 삶
의 양식을 변화시키지 못한다. 지금까지는 전문가들 사이에 아이
의 행동이 상황과 연령에 따라 달라지는 것으로 믿어져 왔다.

■ 문제아

모든 것은
가정에서 시작한다

두 살짜리 소년이 이런 말을 했다. "엄마도 바보, 유모도 바보, 토니(요리사)도 바보, 우시(누나)도 바보, 할머니도 바보!" 그래서 할아버지도 바보냐고 물었더니, 아이는 "할아버지는 위대해!"라고 대답했다.

이 아이가 자기 아버지를 예외로 했다는 사실에 모두가 주목했다. 이것은 틀림없는 존경의 표시로 받아들여져야 한다. 그러나 아이가 주변의 모든 여자는 어리석고 자신을 포함한 모든 남자는 똑똑하다는 식으로 말하고 싶어 한다는 사실이 쉽게 확인된다. 아이가 어리석음과 여자를, 똑똑함과 남자를 동일시하고 있는 것이다.

■ **남자와 여자의 협동**

아이의 눈으로
볼 줄도 알아야한다

교육에 근본적으로 중요한 것은 바로 어른이 아이가 처한 상황을 아이의 눈으로 보고 또 아이의 결함 있는 판단력으로 해석하는 것이다.

아이가 논리적으로 행동할 것이라고 단정하지 말아야 한다. 말하자면 어른의 상식에 따라 아이를 판단해서는 안 된다는 뜻이다. 아이들은 상황을 해석하면서 언제나 실수를 저지른다. 정말이지, 아이들이 실수를 저지르지 않는다면 아이들을 대상으로 한 교육 자체가 불가능할 것이다. 아이가 저지르는 실수가 타고나는 것이라면, 우리는 아이를 교육시키지도 못하고 향상시키지도 못한다. 따라서 성격적 특징이 타고나는 것이라고 믿는 사람은 아이들을 교육시키지도 못하고 아이들을 교육시키는 일을 맡아서도 안 된다.

건강한 신체에 건강한 정신이 깃든다는 말은 진리가 아니다. 육체적 장애에도 불구하고 용기로 삶을 직시할 때, 병든 신체에도 건강한 정신이 깃든다. 그런 한편, 육체적으로 건강하지만 부적절한 일련의 환경 때문에 자신의 능력을 잘못 해석한 아이는 정신적으로 건강하지 못하다. ■ **아동 교육**

---- *113* ----

문제 부모만
있을 뿐이다

문제아는 여러 가지 이유로 낙담한 아이이다. 진짜 문제는 언제
나 아이에게 어려움과 장애를 추가로 안기면서 아이의 정상적인
발달 경로를 가로막고 있는 부모에게 있다. 그렇다면 문제아의
치료는 대개 아이의 역동적인 행동 양식을 이해할 수 있도록 부
모와 선생을 교육시키고 아이를 낙담시킬 요소들을 최대한 제거
하는 것으로 이뤄져야 한다. ■ **삶의 양식**

삶의 맥락을
보도록 가르쳐라

아이들은 문제의 의미를 잘 이해하지 못한다. 따라서 아이들에게 자신의 삶에서 일어나는 일들을 서로 무관한 사건으로 보지 말고 서로 연결된 사건으로 보도록 가르칠 필요가 있다. 아이들에게 일어나는 일은 어떤 것이든 전체 삶의 맥락에서 벗어날 수 없다. 그래서 아이에게 일어난 일에 대한 설명은 오직 그 전에 아이에게 일어났던 모든 것들과의 관계 속에서만 가능하다.

　이런 이치를 이해할 수 있게 될 때에야, 아이는 비로소 자신이 그릇된 길로 들어서게 된 이유를 제대로 파악할 것이다.

■ **아동 교육**

아이의 심리 발달에 무지한 것이
가장 심각한 문제이다

학교가 안고 있는 심각한 문제는 아이의 심리 발달에 무지하다
는 점이다. 학생이 잘못을 저지르면 그저 학생을 처벌하거나 벌
점을 주기만 한다. 그건 골절상을 입은 환자를 진찰해 놓고는
"뼈가 부러졌군요! 그럼 가 보세요."라고 말하는 것이나 다름없
다. 이건 틀림없이 교육의 목적이 아니다.

■ 개인 심리학의 실천과 이론

116

비정상적인 삶의 양식에 맞춰
똑똑하게 행동하는 아이가 문제아다

어떤 아이가 정상적인 아이들의 목표와 어울리지 않는 목표를 갖고 있으면서 그 목표에 맞춰 지적으로 행동하고 있다면, 그 아이는 정상적인 아이와 다를지라도 틀림없이 똑똑한 아이이다. 아이가 비정상적인 삶의 양식을 갖고 있지만 그 양식에 맞게 지적으로 처신하고 있는 것이다. 바로 이런 아이를 '문제아'라고 부른다.

■ 문제아

산수를 어려워하는 아이는
대부분 응석받이이다

개인 심리학의 경험에 따르면, 산수에 힘들어 하는 아이들은 대부분 독립적으로 행동하지 않으려 하는, 응석받이로 큰 아이들이다. 모든 과목 중에서 산수가 독립심을 가장 많이 요구하기 때문이다. 산수의 경우엔 구구단을 제외하곤 확실하게 정답이 보장되는 것은 하나도 없다. ■ 문제아

사춘기에 육체적으로
새로운 것은 하나도 없다

사춘기는 악마에게 사로잡히는 시기처럼 여겨진다. 모든 악이 생식선(生殖腺)의 탓으로 돌려진다. 이것은 터무니없는 주장이다. 생식선은 출생 이후로 끊임없이 작동해 왔으며, 심지어 아이가 출생하기 전부터 작동하고 있었다.

사춘기는 다른 요소들이 특징으로 꼽히는 시기이다. 자유를 보다 많이 누리고 책임을 보다 많이 지고 이성에 보다 강하게 끌리는 현상 등이 사춘기의 특징이다. 아이들은 자신이 더 이상 아이가 아니라는 점을 증명하고 싶은 충동에 강하게 자극을 받는다. 그 점을 증명하기 위해서, 아이들은 종종 지나치게 멀리 나가기도 한다. ■ **문제아**

119

왜 아이들이
학교에서 쫓겨나야 하나?

나는 아이들이 학교에서 쫓겨나야 하는 이유를 모른다. 아이가
그 지경에 이르렀다는 사실은 단지 선생이 아이의 문제를 해결
할 능력을 제대로 갖추지 못했다는 점을 보여줄 뿐이다. ■ **문제아**

밥상머리 교육이
실종된 것이 큰 문제이다

가족 전체가 아침에 함께 모여 앉아 식사를 같이 하는 것이 훗날 아이에게 특별히 중요한 것 같다. 온 가족이 함께 아침을 먹지 않는 가정에서 어려운 일이 많이 생겨난다는 사실이 확인된다. 처음부터 식탁을 통해서 타인들과 잘 어울리는 방법을 훈련시키지 않는 가족의 경우에 올바른 사회적 발달에 필요한 뿌리가 애초부터 실종된 것이나 마찬가지이다.

식탁이야말로 멋진 유머와 즐거운 대화가 오가고 공개적인 토론이 벌어지는 곳이어야 한다. 형편없는 성적을 놓고 꾸중하는 자리가 되어서는 안 된다. 그런 문제는 다른 시간으로 미뤄야 한다. 온 가족이 한자리에 모여 아침식사를 함께 하는 습관의 이점은 아무리 강조해도 지나치지 않다. ■ 문제아

아이를 삶의 유익한 측면으로 이끄는 것이 중요하다

아이는 삶의 유익한 측면에서 만족을 추구해야 한다. 예를 들어, 아이는 삶의 방관자가 될 것이 아니라 삶에 능동적으로 참여할 수 있어야 한다. 아이에게 인간 사회에는 불공정한 일이 많이 일어난다는 점을, 또 사람들은 종종 다른 사람을 억압할 길을 찾는다는 점을 알려줘야 한다.

실제로 주변을 둘러보면 이런 현상이 곳곳에서 확인된다. 국가들 사이에서도 어느 한 국가가 다른 국가를 꺾으려 들고, 가족들 사이에서도 어느 가족이 다른 가족보다 우월하다는 믿음을 가지려 든다. 그러나 이런 일은 그냥 일어나는 것이 아니다. 오직 상대방이 공격의 표적으로 적절해 보일 때에만 일어난다. ■ **문제아**

교육은 진공상태에서
이뤄지지 않는다

아이를 교육시키는 일은 진공 상태에서 이뤄지는 것이 아니라 아이 본인과 타인들 사이의 사회적 관계 속에서 이뤄진다. 사람은 온갖 형태의 사회적 관계를, 말하자면 우정이나 타인들에 대한 관심 등을 두루 경험해야 한다. 그렇기 때문에 어른들 자신부터 아이들에게 바라는 그런 모습으로 사는 존재가 되도록 노력해야 한다.　　　　　　　　　　　　　　　■ 문제아

문제아는
상식을 따르지 않는다

이해력은 개인적인 문제가 절대로 아니다. 이해한다는 것은 곧 관계 속에서 생각하고 판단하고 결론을 내린다는 뜻이다. 이해력은 일반적인 타당성을 갖는다. 이해력은 개인적인 관점에 따라 형성되는 것이 절대로 아니다.

문제아는 합리적이지 않은 그런 개인적인 생각을 품고 있다. 말하자면, 문제아는 상식을 따르지 않는다. ■ **문제아**

아이는
팔삭둥이가 뭔지 모른다

8개월 만에 태어나는 아이가 정상적으로 태어나는 아이와 언제나 쉽게 구분되는 것은 아니며, 그 진단이 언제나 정확하다는 보장도 없다. 중요한 것은 아이는 그런 사실에 대해 아무것도 모른다는 점이다. 실제로 보면, 팔삭둥이라는 사실은 전혀 중요하지 않다.　■ **문제아**

잘못을 인정하라고
강요하지 마라

개인 심리학자들은 아이들에게 잘못을 인정하거나 사과하라고 요구하지 않는다. 대신에 그 문제를 나 자신(알프레드 아들러)이 옛날에 경험한 노선을 따라 처리하는 쪽을 더 선호한다.

나는 여섯 살 때 뭔가 잘못한 일이 있었다. 그때 나의 어머니는 화가 나서 얼굴이 시뻘게진 상태에서 나에게 해명을 요구했다. 나는 내가 지은 죄를 잘 알고 있던 터라 크게 당황해하고 있었다. 그때 아무 말 없이 어머니 곁에 서 있던 아버지가 마침내 어머니의 손을 잡고 말했다. "애를 그냥 둡시다." 이 장면은 나에게 매우 강한 인상을 남겼다. 그날 이후로 나는 그때를 늘 기억했으며, 그 일로 인해 아버지에게 언제나 감사하는 마음을 품게 되었다. 그 같은 조치는 나에게 회개를 하도록 강요하거나 어머니가 나의 뺨을 때렸을 때보다 훨씬 더 긍정적으로 다가왔다.

아이가 억지로 사과하도록 강요하는 것은 좋은 방법이 아니다. 아이도 자신이 잘못했다는 사실을 틀림없이 잘 알고 있을 것이다. 그런 아이에게 공개적으로 고백을 요구할 이유가 있을까? 사람들이 보는 앞에서 아이를 창피하게 만들고 아이가 굴복하게 할 이유가 있을까?　　　　　　　　　　■ 문제아

126

타고난 재능보다
훈련이 더 중요하다

아이의 기능들이 발달하는 것은 그 아이가 타고난 능력의 결과
라기보다는 훈련의 결과라고 할 수 있다.

이런 식의 비유도 가능하다. 어떤 사람은 엄청난 재산을 갖고
있으면서도 그것을 제대로 이용하는 방법을 몰라 재산을 낭비하
다가 어느 날 갑자기 돈이 떨어졌다는 사실을 깨달을 수 있다. 반
면에 가진 자원이 그보다 훨씬 더 적은 사람은 그것만으로도 절
약하며 꽤 잘 살아갈 수 있다. ■ 문제아

127

선생의 임무는
아이의 사회성을 길러주는 것이다

유치원 선생의 임무는 생후 4년 혹은 5년 된 아이가 삶의 모든 과제를 해결할 수 있다는 자신감을 갖게 하는 그런 삶의 양식을 형성할 길을 활짝 열어주는 것이다.

어떤 이상(理想)이 있어야 할 것이다. 그러나 그 이상을 성취시켜주는 것이 중요한 것이 아니라 그 이상에 이르는 길을 보여주는 것이 중요하다. 사회적인 인간으로 키운다는 관점을 가진 교육은 단순히 공허한 구호에 그쳐서는 안 된다. 사회성을 갖추지 못하는 것이 최악의 실수라는 점을 아이에게 이해시킬 수 있어야 한다. ■ 문제아

선생은 어머니의 실수까지 바로잡아야 한다

유치원 선생은 어머니의 역할을 수행해야 한다. 아니, 한 걸음 더
나아가 어머니가 저지른 실수까지 바로잡아줄 수 있어야 한다.
또 아이들을 타인들과 관계를 맺는 쪽으로 이끌어야 한다.

■ 문제아

선생은
아이의 동료가 되어야 한다

아이들에게 진정한 동료라는 인상을 주는 것은 선생의 임무이다. 너무도 아름다운 임무이지 않은가. 누구나 이런 태도로 임한다면 실수를 많이 저지르지 않을 것이다. …

선생들은 아이의 사회적 감정을 더욱 멀리까지 확장시켜 줘야 한다. 동시에 어머니에게는 아이가 아버지에게도 관심을 갖도록 해야 한다고 조언해야 한다. 그러면 아이의 아버지와 어머니가 함께 아이가 삶의 양식을 올바른 방향으로 형성하도록 도울 수 있을 것이다.　　　　　　　　　　　　　　■ 문제아

유치원은
가족의 확장이다

유치원은 가족의 확장이다. 유치원은 아이가 오랜 전통이나 그릇된 이해 때문에 가족 안에서 이루지 못한 것을 성취하도록 돕거나 잘못 이룬 것을 바로잡아 줘야 한다.

선생이 가르쳐야 하는 아이는 이미 백지 상태가 아니다. 이 나이의 아이들은 경험에 의해선 절대로 바뀌지 않을 그런 개성을 갖고 있다.

■ 문제아

아이와
절대로 싸우지 마라

아이들과 절대로 싸워서는 안 된다. 이유는 간단하다. 아이들이
언제나 더 강한 존재이기 때문이다. 아이들은 어떠한 책임도 지
지 않는다. 책임을 지지 않는 아이 앞에서 책임을 지는 어른은 절
대로 강자가 되지 못한다. ■ **문제아**

응석받이의 삶은
기생(寄生)의 삶이다

응석받이로 큰 아이는 독립적으로 활동할 기회를 박탈당한 아이
이다. 다른 사람들이 아이를 대신해 말하고, 위험한 상황을 대신
해 파악하고, 아이를 위험으로부터 보호해주는 그런 환경에서 자
란 아이가 바로 응석받이이다. 한 마디로 말해, 다른 누군가에게
끌려다니는 아이가 응석받이인 것이다.

그런 아이에겐 언제나 마음대로 부릴 수 있는 사람이 옆에 있
으며, 아이는 옆에 있는 그 사람과 공생관계 속에서 자신의 삶을
구축한다. 그런 아이는 기생(寄生)하려는 특징을 보이며, 자신이
원하는 모든 것을 옆에서 자신을 대신하고 있는 사람의 도움을
통해 얻으려고 한다. ■ 문제아

아주 하찮은 잠재력도 적절한 방법을 만나면 큰 열매를 맺는다

적절한 방법을 정확히 채택하기만 하면, 아주 작은 잠재력에서도 큰 결실이 맺힐 수 있다. 예를 들어, 헬렌 켈러(Helen Keller)는 듣지도 못하고 보지도 못하면서도 탁월한 인물이 되었다. 아주 작은 능력을 가진 아이가 제대로 된 방법을 채택함으로써 상상을 초월하는 성공을 거두는 예가 종종 보인다. ■ **문제아**

아이들은
덤불 속의 관목과 같다

형제자매들 사이의 경쟁의식도 매우 중요한 역할을 한다. 아이의 출생 서열을 반드시 알아야 한다. 아이가 맏이인지, 둘째 혹은 막내인지, 외동인지 아니면 아들들 틈에서 자라는 외동딸인지, 딸들 틈에서 자라는 외동아들인지를 아는 것이 아주 중요하다.

아이들은 덤불 속의 관목과 비슷하다. 아이들도 관목과 똑같이 빛을 추구하는 것이다. ■ **문제아**

아이들을
망치는 예가 너무 많다

우리 어른들은 모든 아이를 일상적인 의미에서 말하는 영재나 매우 유능한 존재로 키우고 싶어 하지 않는 것처럼 보인다. 거꾸로, 모든 아이들을 재능이 없는 아이로 만들 수 있다는 확신을 품고 있는 것처럼 보인다.

한때 재능을 타고났다는 소리를 듣던 아이가 훗날 무능한 아이로 변하는 예가 이따금 보인다. 그런 아이를 보고 있으면 아이 자체가 바뀐 것이 아닌가 하는 의심이 들기도 한다.

■ 남자와 여자의 협동

성교육을
너무 강조하지 마라

성교육이라는 주제가 최근 터무니없을 만큼 과장되고 있다. 좀 심하게 말하면, 많은 사람들이 이 주제에 미쳐 있다고 할 수 있다. 그런 사람들은 어느 나이에나 아이에게 성교육을 시키길 원하면서 성적 무지의 위험성을 떠들고 있다. 그러나 우리 모두 자신의 과거와 다른 사람들의 과거를 돌아보면, 성적 무지의 위험이 그런 사람들이 상상하는 것만큼 크지 않다는 사실이 확인될 것이다.

두 살 정도 되면 아이가 소년인지 소녀인지를 알려줘야 한다. 또한 그 시기에 아이의 성이 바뀔 수 없다는 점을, 소년은 장차 신사로 성장할 것이고 소녀는 장차 부인으로 성장할 것이라는 점을 설명해 줘야 한다. 아이에게 이 정도만 가르치면, 다른 지식이 부족하더라도 그다지 위험하지 않다.

소녀는 소년으로 자라지 않을 것이고 소년은 소녀로 자라지 않을 것이라는 점을 이해시킨다면, 성의 역할이 아이의 마음에 확립될 것이고 아이는 정상적인 방향으로 자신의 역할을 발달시키고 거기에 대비할 것이다. 그러나 만일 아이가 어떤 방법으로든 성을 바꾸는 것이 가능하다고 믿는다면, 문제가 발생할 것이다.

■ 남자와 여자의 협동

성교육은 단순히 성관계의 생리학에 대해 가르치는 것이 아니다

소녀를 소년처럼, 소년을 소녀처럼 키우고 싶어 하는 부모들이 종종 보인다. 또 간혹 보면 소년처럼 생긴 소녀도 있다. 그러면 사람들은 소녀를 소년이라고 부르기도 할 것이다. 그런데 이런 상황에 처한 아이는 엄청난 혼란을 겪는다. 이 같은 혼란은 주위에서 조금만 신경을 쓰면 충분히 피할 수 있다.

소녀를 경시하고 소년을 우월한 존재로 여긴다는 뜻의 말을 피하는 것이 중요하다. 아이들에게 남자와 여자는 동등한 가치를 지닌다는 점을 이해시켜야 한다. 이것은 낮게 평가받는 성의 구성원들 사이에서 열등 콤플렉스를 예방하는 데에만 중요한 것이 아니다. 남자 아이들 사이에서 나쁜 영향을 차단하는 데에도 필요하다.

소년들에게 남자가 우월한 성이라는 식으로 가르치지 않으면, 소년들은 소녀들을 단순히 욕망의 대상으로 보지 않을 것이다. 이 소년들이 자신의 미래 임무에 대해 안다면, 그들은 남자와 여자의 관계에 대해서도 추하다는 식으로 보지 않을 것이다.

달리 말해, 진정한 성교육은 단순히 아이에게 성관계의 생리학에 대해 설명하는 선에서 끝나서는 안 된다. 사랑과 결혼을 대하는 전반적인 태도를 적절히 준비시키는 과정까지 포함해야 한다. 이것은 사회적 관심이라는 문제와 밀접히 연결되어 있다. 만일 어떤 사람이 사회적 관심을 갖추지 않았다면, 그 사람은 섹스 문제를 우습게 여길 것이고 모든 일을 자신의 관점에서만 볼 것이다. ■ **남자와 여자의 협동**

성적으로 조숙해도
문제가 되지 않는다

성적 본능이 꽤 조숙한 것처럼 보여도 특별히 걱정할 필요는 없다. 성적 발달은 아주 일찍부터, 실제로 보면 생후 몇 주 후부터 시작한다. 유아도 성감의 쾌락을 경험하고, 가끔 성감대를 인위적으로 자극하려 드는 것은 거의 틀림없는 사실이다. 일부 불쾌한 일이 시작된다는 조짐이 보여도 크게 놀라서는 안 된다. 그럴게 아니라, 그 같은 일에 중요성을 지나치게 많이 부여하는 것처럼 보이지 않는 가운데 그 행위를 중단시키도록 최대한 노력을 기울여야 한다.

아이가 어른이 이런 문제를 지나치게 걱정한다는 사실을 알게 되면, 그 아이는 관심을 끌기 위해 일부러 성적인 짓을 계속할 것이다. 어른이 아이가 성적 충동의 희생자라고 생각하게 하는 것이 바로 그런 행동이다. 그러나 실제로 보면 아이는 성적 충동에 희생되고 있는 것이 아니라 자신의 존재를 과시할 수단으로 그 버릇을 이용하고 있다. ■ **남자와 여자의 협동**

아이들이 일찍 이성에 눈을 떠도
걱정하지 마라

아이들이 일찍 이성에 대한 관심을 드러내며 자신이 좋아하는 짝을 스스로 선택할 때, 그 같은 행동을 잘못이나 골칫거리, 혹은 조숙한 성적 반응으로 해석해선 곤란하다. 또 그 일을 두고 아이를 비웃거나 조롱하는 것은 더더욱 안 될 일이다.

아이의 그런 행동을 사랑과 결혼을 위한 준비로 받아들여야 한다. 그러면서 사랑은 아이가 반드시 미리 준비해야 하는 신비한 과제이며 동시에 인류 전체를 위하는 과제라는 점을 가르쳐야 한다. 그런 식으로 접근하면 아이의 마음에 어떤 이상을 심을 수 있으며, 그런 환경에서 자란 아이들은 훗날 매우 준비가 잘 된 동료를 친구로 만나 서로 친밀한 관계를 유지하면서 서로에게 헌신할 것이다. 아이들이 놀다가 자발적으로 남자 아이 하나에 여자 아이 하나씩 짝을 이루는 것을 지켜보고 있으면 많은 것을 깨닫게 된다. 부모의 결혼 생활이 언제나 조화를 이루거나 행복하지만은 않을 텐데도 아이들은 그런 식으로 논다. ■ **남자와 여자의 협동**

반항은
모든 것을 바꿔놓는다

교육상의 실수가 일어날 때, 아이는 불쾌감을 느끼면서 나름대로 보호 수단을 찾는다. 그런 때에 일반적으로 두 가지 경향이 나타난다. 복종 또는 반항이 나타나는 것이다.

아이의 행동에 방향을 제시하는 이런 경향들은 모든 충동을 변화시키거나 억제시키거나 흥분시킨다. 그렇기 때문에 타고난 것처럼 보이는 충동도 이 관점에서 봐야 이해가 가능해진다. 셰익스피어의 '맥베스'에서 마녀들이 노래하듯이, "아름다운 것도 사악하고, 사악한 것도 아름답다". 반항이 강하게 개입하자마자, 슬픔이 기쁨이 되고, 고통이 쾌락이 되고, 삶이 싫어지고 죽음이 달콤해진다. 반대자가 사랑하는 것은 혐오의 대상이 되고, 다른 사람들이 버리는 것은 소중히 여겨진다. 문화가 금지하는 것, 부모와 교육자들이 하지 말라고 말리는 것, 그런 것들이 가장 열망하는 목표로 선택될 것이다. 다른 사람들에게 고통을 주는 대상이나 사람은 가치를 얻게 될 것이다.

반항적인 개인들은 언제나 다른 사람들을 박해할 것이고, 그러면서도 엉뚱하게도 언제나 자신이 박해당하고 있다고 생각할 것이다. 그래서 탐욕 혹은 성급한 욕망이 일어나는데, 이 탐욕 혹은 욕망은 현대 사회에서 시기와 허영, 야망을 일으키는 불쏘시개인, 만인에 대한 만인의 투쟁을 떠올리게 한다. ■ **남자와 여자의 협동**

141

인간은 원래
인간적이고 사회적이다

한 사람의 인간 존재는 인간적이며 또 그런 식으로 불리는 것이 적절하다. 왜냐하면 인간이 사회적 문제들을 다루는 데 필요한 모든 잠재력을 유전을 통해 갖기 때문이다. 그러나 사회적인 문제를 제대로 다루기 위해선 인간은 자신을 육체적으로나 정신적으로 최대한 발달시켜야 한다.

여기서 제기되는 중요한 물음은 이것이다. 인간은 무엇을 위해서 자신을 발달시켜야 하는가? 말하자면 개인이 어떤 목표를 위해서 각자 물려받은 인간의 잠재력을 발달시키도록 노력해야 하는가? 개인과 전체로서의 인류는 잠재력을, 다시 말해 조상들로부터 물려받은 선물을, 전체 인간 가족의 이익을 증대시키는 방향으로 이용해야 한다. 이런 식으로 이용하는 것은 당연히 사회적 관심의 크기 안에서만 가능하다. 또 모든 사회적인 문제들은 충분한 사회적 관심에 의해서만 적절히 해결될 수 있다는 점을 우리 모두는 이해해야 한다.

인간의 모든 기능은 갓 태어난 아기가 사회적 환경에서 발달시킬 잠재력으로 이 세상에 모습을 드러낸다. 당연히 인간의 기능은 외부 세계의 요구에 적응해야 한다. 먹고, 보고, 소리 내고, 움직이는 것은 이 적응의 결과이다.

인간의 모든 기능은 삶의 초기에는 혼돈의 상태에 있고 무의식적이며, 아주 서서히 다른 사람들이나 환경과 교류하는 방향으로 움직인다. 아이의 창의적 능력은 점진적으로 외부 세계의 도전을 받아들이고, 경험을 흡수하고, 경험에 반응하게 된다.

이때 경험을 흡수하고 경험에 반응하는 것은 아이가 주변의 사회적 삶에 성공적으로 참여하는 방향으로 이뤄진다. 음식을 먹는 방법도 적절해지고, 보고 듣고 만지고 움직이는 방법도 협동하려는 의지를 다소 보인다. 아이의 사고와 언어는 공통의 가치와 공통의 의미를 더욱더 많이 지니게 된다.

배설 기능도 환경 속의 사회적 형식과 일치하게 된다. 손가락을 빨거나 손톱을 물어뜯는 행위는 비사회적인 행동이고 전염의 원인이 될 수 있기 때문에 아이가 사회적 규칙을 받아들이기만 하면 금방 중단될 것이다. 만일 아이가 그런 행위를 중단하지 않는다면, 그 이유는 아이가 언제나 사회적인 문화 쪽으로 나아갈 길을 발견하지 못하고 우월이라는 개인적 목표를 추구하고 있기 때문이다. ■ **남자와 여자의 협동**

성도착은 치료
불가능한 것이 아니다

성도착은 치료가 불가능하다는 소리가 끊임없이 들린다. 성도착을 치료하는 것은 불가능한 일이 아니다. 단지 대단히 어려운 일일 뿐이다. 치료가 어려운 이유는 성도착자들이 성도착의 길을 제시하는 제한적인 행동 법칙을 갖고 있기에 평생 동안 스스로 성도착을 훈련하기 때문이다.

성도착자들은 성도착 쪽으로 움직일 수밖에 없다. 이유는 그들이 아주 어릴 때부터 자신의 몸과 마음을 적절히 이용할 그런 접촉을 발견하지 못했기 때문이다. 몸과 마음을 적절히 이용하려면 먼저 사회적 감정이 잘 발달되어 있어야 한다. 이 같은 사실만을 알아도 성도착자들 중 반은 치료될 것이다.　■ **삶의 의미**

chapter 6

용기에 대하여

아이들은
주변의 기대대로 성장한다

식물이 태양과 비와 적절한 토양에 확실히 반응하듯이, 아이들은
격려와 이해에 분명히 반응한다. 부모와 선생들이 아이를 이해하
고 격려하는 것은 아이들을 정적인 상태에 놓아둠으로써 낙담시
키는 것만큼이나 쉬운 일이다.

개인 심리학은 '인간 존재는 무엇이든 할 수 있다'는 신념을 제
1의 원칙으로 제시한다. 이 원칙도 나름의 한계를 지니고 있지
만, 인간관계의 실질적 원칙으로서 아주 소중한 가치를 지닌다.

어떤 상황에서도 한 가지만은 분명하다. 선생들이 아이들을 나
쁘거나 어리석거나 게으르거나 신경증적인 아이로 분류해서 얻
을 것은 하나도 없고 오히려 아이를 어리석고 신경증적인 아이
로 만들 뿐이라는 사실이다. 아이들은 주변 사람들이 기대하는
대로 성장하게 되어 있다. 아이를 인간 사회에 잘 적응하고 있는
것처럼 다뤄보라. 그렇게 한다고 해서 손해 볼 것은 하나도 없고
종종 기적이 일어날 것이다.　　　　　　　■ **삶의 양식**

야망보다 인내심이
더 중요하다

현재의 문명에서는 엄격한 교육보다 눈에 보이는 성공에 관심을 훨씬 더 많이 기울이고 있다. 그러나 개인 심리학은 노력을 거의 하지 않는 가운데 이루는 성공이 얼마나 허망한지를 잘 알고 있다. 따라서 아이가 야망을 품도록 훈련시키는 것은 전혀 이롭지 않다. 그보다는 아이가 용기를 갖고, 인내심을 발휘하고, 자신감을 갖도록 훈련시키는 것이 훨씬 더 중요하다.

또 아이가 실패 앞에서도 낙담하지 않고 그 실패를 단지 하나의 새로운 문제로 여기며 해결하도록 자극하는 것도 중요하다. 만일 선생이 아이가 어느 선에서 노력을 멈추는지, 또 아이가 충분히 노력하고 있는지를 파악할 수 있다면, 용기 있고 인내심 강한 아이로 성장시키는 것이 훨씬 더 쉬워질 것이다. ■ **아동 교육**

아이를
친구로 대하라

아이에게 용기를 불어넣고자 하는 사람은 아이를 친구로 대해야 한다. 자신이 우월하다는 점을 내세움으로써 아이를 짓눌러버리는 일은 절대로 있어선 안 된다.

또 아이를 거칠게 다뤄서도 안 된다. 용기를 잃은 아이는 기본적으로 거칠게 다뤄지고 있는 아이이다. 거칠게 다뤄진 결과, 아이가 자기는 공부를 하지 않아도 정당하다는 느낌을 갖게 된 것이다. 아이가 선생과 친구 관계를 형성하도록 유도할 필요가 있다. 그러면 아이가 신뢰하는 사람들의 숫자가 더욱 커질 것이다.

■ 문제아

146

생각 없이 살다가
그냥 사라지고 말 것인가?

나는 학생들에게 다음과 같은 짤막한 이야기를 종종 들려준다.
"아득한 옛날에, 우리 조상들이 나무 위에 앉아 있던 때를 상상해
보자. 아마 그때는 꼬리도 달려 있었을 것이다. 우리 조상들은 그
렇게 나무에 걸터앉은 채 자신들이 할 수 있는 일이 무엇인지를
놓고 고민에 빠졌다. 그땐 살아가는 것 자체가 너무나 힘들고 비
참한 일이었으니 말이다. 그 중 한 사람이 이렇게 말했다. '초조
하게 생각해 봐야 무슨 소용이 있어? 모든 게 너무 힘들어. 그냥
여기 나무 위에 안전하게 앉아 있는 게 최고야."

이렇게 말한 사람이 이 논쟁에서 이겼다면 어떤 일이 벌어졌
을까? 아마 지금도 우리는 여전히 꼬리가 있는 상태로 나무 위에
앉아 있을지 모른다. 그때 나무 위에 계속 머물렀던 사람들에게
어떤 일이 일어났는가? 모두 죽어 사라졌다. 이 사라짐의 과정은
그 후로도 계속 이어지고 있다. 이 과정은 정말 잔인하다. 사실들
의 논리는 원래 잔인하다.   ■ 문제아

용기는
사회적 기능이다

용기는 하나의 사회적인 기능이다. 자신을 전체 인류의 일부로 여기는 사람만이 용기를 가질 수 있다. 아이의 낙천성, 적극성, 용기, 동료애는 사회의 틀 안에서 아이에게 하는 교육에 크게 좌우된다.

개인의 발달은 그 사람의 사회적 감정이 충분히 클 때에만 보장될 수 있다. 만일 내가 다른 사람들의 행복에 관심을 갖는다면, 나는 개성을 키움과 동시에 나 자신을 다른 사람들에게 유익한 존재로 만들 수 있을 것이다. 오직 나 자신만을 생각한다면, 그런 나는 삶의 문제를 해결하는 데 완전히 부적절한 존재로 전락하고 말 것이다. ■ 문제아

혈족결혼에
용기 부족이 자주 보인다

아이의 실패를 혈족결혼으로 인한 유전적 요인으로 돌려서는 안 된다. 그러나 나는 혈족결혼을 하는 사람들 사이에서 언제나 용기가 부족하다는 사실이 발견된다는 점을 강조하고 싶다. 그런 결혼을 하는 사람들은 파트너를 선택하는 일에서 안전 같은 것을 추구한다. 그런 사람들은 자신이 어린 시절부터 알고 지낸 사람들에게서 안전을 찾는 경향을 보인다. 그런 경향은 사회적 감정이 약하다는 점을 암시한다. 그런 사람들에겐 그들의 가족이 전체 사회를 대표하기 때문이다.

혈족결혼이 간혹 신체기관이 열등한 아이를 낳는다는 점을 부정할 수는 없다. 그러나 나는 사회적 감정이 피를 보다 넓은 범위에서 서로 섞을 것을 요구한다는 점에서 친척 사이의 결혼에 반대한다. 자기 가족에 속하는 사람들과 타인들 사이에서 엄청난 차이를 확인하는 사람들은 사회적 감정을 크게 키우지 못한다.

■ 문제아

관심을 옳은 방향으로 이끄는 것이 용기를 불어넣는 것이다

아이의 삶의 양식을 탐험하고 그 과정에 아이의 실수를 찾아낸 다면, 교육 방식은 거기에 따라 저절로 정해진다.

무엇보다 아이에게 용기를 불어넣어야 한다. 아이에게 용기를 불어넣는 유일한 길은 아이의 관심을 옳은 방향으로 이끄는 것 이다. 아이는 자신이 지나치게 응석을 부리는 탓에 삶에서 진전 을 이루지 못하고 있다는 사실을 깨달아야 한다. 아이는 또 자신 이 모든 일에 '이건 나에게 뭘 안겨 줄까?'라는 질문을 던지면서 접근하고 있다는 사실을 깨달아야 한다. 말하자면 아이가 타인의 인정(認定)이나 도움을 추구하고 있다는 사실을 반드시 알아야 한다는 뜻이다.

아이의 삶의 양식을 찾아내는 것도 그리 어려운 일은 아니다. 심리학적 감각을 적절히 갖춘 상태에서 아이에게 다가서면서 예 술가의 직관으로 아이의 문제를 파악하고자 노력하면, 아이의 삶 의 양식이 보일 것이다. ■ 문제아

150

아이가 어려움을 극복하는
무기는 용기이다

어쨌든 어려움을 극복하는 아이가 승리를 거두게 되어 있다. 그러므로 우리는 아이들의 손에 어려움을 극복하는 데 필요한 '무기'를 쥐어줘야 한다. 아이들에게 용기를 줘야 한다. 아이에게 용기를 불어넣는 것이 교육에서 가장 중요한 요소이다.

　가장 위험한 것은 당연히 아이가 희망을 잃는 것이다. 아이의 삶에 어려운 상황이 많이 따른다. 그럼에도 아이가 희망을 잃는 일이 벌어져서는 절대로 안 된다.　　　　　　　　■ 문제아

이 영역에서 다른 영역으로
관심을 확장시켜라

교육자는 아이들이 이룬 성취라면 아무리 작은 것이라도 무시해서는 안 되며 그 성취를 발판으로 삼아 아이가 다른 활동 영역에서 더 큰 향상을 이루도록 용기를 불어넣어야 한다. 아이의 교육을 맡은 교육자는 아이한테서 자그마한 성공이라도 확인되면 그걸 큰 행운으로 여겨야 한다. 그런 경우에 교육자가 그 성공을 근거로 아이에게 다른 영역에서도 능력을 발휘할 수 있다는 점을 설득시킬 수 있기 때문이다. 그러면 교육자의 임무 자체가 훨씬 수월해질 것이다.

교육자의 임무는 아이가 결실이 어느 정도 풍성해진 목초지에서 다른 목초지로 옮겨가도록 부추기는 것이다. 정신이 박약한 아이를 제외하고는 모든 아이들이 학교 공부를 잘 해낼 수 있기 때문에, 아이들이 극복해야 할 것은 인위적으로 쌓은 장벽뿐이다. 이 장벽들은 교육의 종국적 목표와 사회적 목표를 판단 기준으로 삼지 않고 추상적인 학업 성적을 판단 기준으로 삼는 데서 비롯되고 있다.

아이의 입장에서 보면, 이런 장벽이 자신감을 허문다. 그 결과, 아이의 우월 욕구가 유익한 활동과 단절되는 현상이 나타난다. 아이에게 우월 욕구를 발휘할 기회를 적절히 주지 않기 때문이다.

■ **아동 교육**

152

나 외에 다른 사람들을
진정으로 생각하도록 유도하라

삶의 문제들을 진정으로 직면하며 정복할 수 있는 사람들은 그런 노력을 펼치는 과정에 모든 사람들의 삶을 풍요롭게 가꾸려는 경향을 보이는 사람들이다. ■ **삶의 의미**

사회적 감정을 키우는 것이
곧 용기를 강화하는 것이다

실패의 원인은 언제나 다른 사람들과 접촉하는 능력이 부족한
데 있다. 그렇다면 교육자와 선생, 의사, 목사의 임무는 개인의
사회적 감정을 증대시켜 용기를 강화하는 것이라는 결론도 가능
하다. 교육자나 선생, 의사, 목사가 개인에게 그 사람이 추구하고
있는 그릇된 의미를, 말하자면 그 사람이 삶에 부여한 엉터리 의
미를 고스란히 드러내 보임으로써, 그리하여 그 사람에게 삶이
인간에게 명령한 의미를 명확히 보도록 함으로써 실패의 진짜
원인을 알게 하면 용기를 강화하는 효과를 거둘 수 있다.

■ **삶의 의미**

신경증 환자에게 협박은 절대 금물이다

신경증적 상태는 더 나쁠 것 같은 것을 피하려는 시도이다. 신경증적 상태는 또 스스로 어느 정도 가치 있는 존재라는 분위기를 풍기는 외양을 어떤 대가를 치르더라도 지켜나가려는 노력이지만, 그와 동시에 거기엔 어떤 비용도 지불하지 않고 목표를 이루려는 욕망도 작용하고 있다.

이런 신경증적 상태를 바로잡으려면, 당사자에게 삶의 준비를 더욱 철저히 시키고, 용기를 불어넣고, 보다 견고한 기반을 제공하는 외엔 달리 방법이 없다. 몰아붙이거나, 처벌하거나, 엄하게 다루거나, 협박하는 방법은 신경증 환자에겐 절대로 금물이다. 신경증으로 힘들어 하는 사람은 자신이 마음대로 할 수 있는 활동의 양이 어느 정도 있을 경우에 종종 삶의 문제를 해결하지 않고 엉뚱하게도 자기 자신을 제거하려 든다. ■ 삶의 의미

155

용기는 사회적으로 진취적인 성향을 가진 사람들 사이에서만 발견된다

다양한 감정을 통제하려는 시도와 자제, 분노, 심지어 혐오와 경멸에도, 삶의 양식이 작동한다는 사실을 간과해서는 안 된다. 이때 지성적인 생활형(生活型: 환경에 따라 정착된 생활양식/엮은이)은 위협적인 문제들로부터 후퇴하는 노선에 집착함으로써 신경증이나 정신증, 자기학대적인 행동으로 이어지는 한편, 감정적 생활형은 삶의 양식에 따라 자살 성향이나 알코올 중독, 범죄 또는 능동적인 도착(倒錯) 같은 보다 큰 행동 표현을 보일 것이다.

그러나 이런 두드러진 행동을 용기로 착각해서는 안 된다. 용기는 사회적으로 진취적인 성향을 가진 사람들 사이에서만 발견된다. ■ **삶의 의미**

자살은 삶의 문제들로부터
완전히 철수하는 행위이다

삶의 문제들로부터의 철수는 자살에서 완료된다. 자살자의 정신적 구조에서도 활동성은 발견되지만 용기는 전혀 발견되지 않는다. 자살자의 행동은 단지 사회적으로 유익한 협동에 적극적으로 항의하는 것에 지나지 않는다. 자살 행위는 다른 사람들에게 분명히 상처를 남긴다. 위로 향하려고 애를 쓰는 공동체는 자살에 따른 피해를 피할 수 없다.

죽음 소망을 품게 하거나 자살을 꾀하도록 하는 것은 본인에 대한 평가의 결여이다. 말하자면 삶의 3가지 중대한 문제 중 하나에서 패배를 경험했거나 패배를 예상할 경우에 죽음 소망을 갖게 되거나 자살의 길을 택하게 된다는 뜻이며, 이에 앞서 간혹 우울증이 나타난다. **■ 삶의 의미**

157

아이들을 다른 아이들과
비교하지 마라

아이들이 말하고 질문할 자유를 완벽하게 누리도록 해 주는 것이 아주 중요하다. 가족이 아이들을 비웃거나 조롱하거나 다른 아이들과 비교하는 것은 가족끼리 접촉하고 있다는 느낌을 약화시키고 망설임이나 부끄러움 혹은 열등감을 부를 수 있다. 아이들에게 약한 존재라는 점을 상기시키거나 지식과 능력이 부족하다는 점을 일깨워주지 않도록 조심하라.

아이들은 용기를 갖도록 훈련되어야 한다. 아이들이 어떤 일에든 관심을 갖도록 활동 범위를 넓혀주고, 아이들의 손에서 무엇이든 빼앗지 않도록 조심하라. 그러면서 아이들에게 시작만 어려울 뿐이라는 점을 강조하고, 가족들이 위험에 대해 지나치게 걱정하는 모습을 보이지 않는 가운데 적절한 주의를 기울이고, 아이를 충분히 보호해줄 수 있어야 한다.　　■ **삶의 의미**

아이가 독립적으로
성장을 꾀하도록 이끌어라

개인 심리학이 추구하는 온전한 사회적 삶은 어린 시절 초기에
응석받이로 큰 아이들이 응석을 부리지 않도록 막는 데에 그 목
표를 두고 있다.

어머니는 아이를 대하는 태도를 점진적으로 엄격하게 바꿔나
가면서 아이의 요구가 터무니없이 중요하게 여겨져 왔다는 사실
을 깨닫게 될 것이다. 그러는 사이에 아이는 지속적으로 거절을
경험함과 동시에 자신이 새롭게 차지하게 된 위치를, 말하자면
색다른 기쁨을 느끼게 하는 주도적인 위치를 지키려고 노력할
것이다. 그런 식으로, 아이는 이전과 달리 비우호적인 환경에서
도 성장하기 시작할 것이다. ■ 문제아

chapter 7

남자와 여자의 관계에 대하여

개념들에 나타나는
특이한 이분법

여성적인 모든 것은 열등하다는 신화의 심각한 결과가 바로 개념들에 나타나고 있는 특이한 이분법이다. 남성적인 것은 그냥 이유도 없이 소중하고, 강하고, 우수한 것과 동일시되고, 여성적인 것은 순종적이고 종속적인 것과 동일시된다. 이런 식의 사고방식이 지금 우리 문화에 너무 깊이 스며들게 되었다.

잘 알려진 바와 같이, 남자들에게 가장 심각하게 받아들여지는 모욕이 "여자 같다"는 표현이다. 반면에 소녀들에게 나타나는 남자 같은 측면은 경멸스럽게 받아들여지지 않는다. 그러다 보니 여성을 떠올리게 하는 모든 것은 열등한 것으로 여겨지기에 이르렀다.

여자는 열등하다는 신화를 뒷받침하는 것으로 받아들여지고 있는 현상들을 유심히 관찰해 보면, 여자들이 발달을 방해받은 결과 나타나게 된 현상들에 지나지 않는다는 사실이 확인된다.

■ 남자와 여자의 협동

남자와 여자를 구분해 놓은 것은
서로를 향한 갈망을 의미한다

개인들끼리의 결합은 일상의 급박한 요구 때문에도 필요하지만 우리의 성적 구조 때문에도 필요하다.

인간을 두 개의 성으로 구분한 것은 분리를 의미하는 것이 아니라 서로를 향한 영원한 갈망을 의미한다. 이 구분은 서로 연결되어 있다는 감정을 일으킨다. 각자의 핏줄에 공통의 피가 흐르고, 각자의 육체는 서로의 육체에서 나온 것이기 때문이다.

■ **남자와 여자의 협동**

여자를 경시하는 문화가
만들어내는 3가지 유형

여자들이 여자의 전반적인 역할에 맞서 벌이는 투쟁을 보면, 3가지 유형이 확인된다.

첫 번째 유형의 여자들은 적극적이고 "남자 같은" 방향으로 발달한다. 이 유형의 여자들은 매우 활력적이고, 야심차고, 최고의 성공을 거두려 분투한다. 이런 여자들은 남자 형제와 친구들을 능가하려고 노력하고, 남자들이 차지해왔던 직업을 더 좋아하고, 온갖 스포츠에 가담할 것이다. 이 유형의 여자들은 종종 사랑과 결혼 관계를 거부하고, 어쩌다 결혼을 하게 되면 배우자보다 우월하려고 노력할 것이다.

두 번째 유형은 체념한 가운데 삶을 살면서 놀라울 정도의 적응과 복종, 겸양을 보인다. 이 유형은 겉으로 보기엔 어느 곳에나 적절할 것처럼 보이고 무엇이든 하려 들 것이다. 그러나 너무 소심하고 어리석어 어떠한 성과도 거두지 못한다. 혹은 신경증적 징후를 보이면서 자신의 약함을 공개적으로 드러내고 자신을 특별히 고려해줄 것을 요구할 수 있다. 이런 여자들은 세상에서 가장 선한 여자라는 소리를 듣지만 불행하게도 정신적 병에 걸려 사회의 요구에 부응하지 못하게 된다.

세 번째 유형은 여자의 역할을 거부하지 않는 가운데 자신은 열등한 존재로서 종속적인 역할을 맡아야 하는 저주받은 운명을 타고났다는 괴로운 자각을 내면에 품고 있다. 이 유형의 여자들은 약간의 능력이라도 요구되는 일이면 무조건 남편에게 떠넘기려 들 것이다. ■ **남자와 여자의 협동**

앞의 3가지 유형은
바람직한 어머니가 되지 못한다

삶에 남자 같은 태도로 접근하는 첫 번째 유형은 독재자처럼 지배하려 할 것이고, 큰 소리를 지르거나 지속적으로 처벌하느라 바쁠 것이다. 당연히 아이들에게 엄청난 압박을 행사할 것이고, 아이들은 그 압박에서 벗어나려고 노력할 것이다. 이런 식의 양육은 기껏해야 아무 소용없는 훈련만 이룰 것이다. 소녀들은 그런 어머니를 모방하고, 소년들은 평생 동안 여자에 대한 두려움을 안고 살 위험이 있다. 이런 어머니 밑에서 자란 아이들 중에 여자를 믿지 못하고 피하는 사람이 자주 나온다.

다른 두 유형의 여자들도 양육에 실패하긴 마찬가지이다. 한 유형은 비관적인 태도를 너무나 분명하게 드러내 보일 것이기 때문에 아이들도 자기 어머니가 자신감을 결여하고 있다는 사실을 금방 눈치 챈다. 그렇게 되면 어머니가 아이들을 감당하지 못하는 상황이 벌어진다. ■ **남자와 여자의 협동**

신화가 여자들에게
굴레로 작용한다

적성검사에서 14세에서 18세 사이의 소녀들 중 어느 한 집단이 소녀들을 포함한 다른 어떤 집단보다도 우수하다는 '이상한' 사실이 확인된다. 이 집단의 소녀들은 모두 어머니 또는 다른 여자가 혼자서 독립적인 직업을 가진 가정의 소녀들이었다. 이는 곧 이 소녀들의 경우에 여자들은 능력이 떨어진다는 신화를 느끼지 않거나 덜 느끼는 상황에서 성장했다는 것을 의미한다. 이 소녀들은 집에서 어머니나 다른 여자가 자신의 능력을 바탕으로 앞으로 나아가고 있다는 사실을 눈으로 확인할 수 있었다. 따라서 이 소녀들은 보다 자유롭고 독립적으로, 여자는 능력이 뒤떨어진다는 신화의 방해를 거의 받지 않은 가운데서 자신을 발달시킬 수 있었다. ■ **남자와 여자의 협동**

남자는 열등하다는 신화도 마찬가지로 부당하다

성취를 전혀 보여주지 못하고 심각한 수준의 무능을 보여주는 남자들도 너무나 많기 때문에 남자는 열등하다는 신화를 충분히 뒷받침할 수 있다. 그러나 남자들은 열등하다는 신화도 당연히 합당하지 못하다. ■ **아들러의 개인 심리학**

남녀 사이의 불신은
인간의 자연적 조건과 모순된다

남녀 사이에 팽배한 불신은 상호 신뢰를 훼손시키고 있으며, 그 결과 모든 인류가 고통을 겪고 있다. 남성성이라는 과장된 이상 (理想)은 곧 요구나 지속적 혜택, 영원한 불안을 의미한다. 이 요소들은 자만심과 이기심, 특권적인 지위를 낳을 뿐이며, 이는 더불어 살아야 하는 인간들의 자연적 조건과 모순된다.

여성 운동의 목표인 자유와 평등권에 반대할 이유는 하나도 없다. 반대할 것이 아니라 오히려 그 같은 목표를 적극 지지해야 한다. 왜냐하면 모든 인류의 삶에서 행복과 즐거움은 종국적으로 여자들이 자신의 역할과 조화를 이룰 수 있는 조건의 창조에 달려 있고, 또 남자들이 여자들과의 관계라는 문제에 어떤 식으로 대답하는가에 달려 있기 때문이다. ■ **남자와 여자의 협동**

남녀 공학은 남녀 관계의
향상을 위한 중요한 걸음이다

남녀 관계를 향상시키기 위해 지금까지 취해진 시도들 중에서, 남녀 공학이 가장 중요하다. 이 관행은 현재 논란을 부르고 있다. 남녀 공학에 찬성하는 사람이 있는가 하면 반대하는 사람도 있는 것이다.

남녀 공학에 찬성하는 사람들은 남녀가 이성을 제때 알 수 있는 기회를 누릴 수 있다는 점을 주요 이점으로 꼽고 있다. 그렇게 하다 보면 해로운 신화들이 사라질 것이라는 주장이다.

남녀 공학에 반대하는 사람들은 주로 소년과 소녀가 학교에 들어갈 때 이미 둘 사이의 차이가 아주 크기 때문에 남녀 공학이 그 차이를 더욱 벌려놓는 결과를 낳을 것이라고 주장한다.

이 시기에는 소녀들이 지적으로 더 앞서 있기 때문에 소년들이 압박감을 느낄 것이다. 그때까지 특권을 누림과 동시에 자신의 능력이 더 뛰어나다는 점을 입증해야 하는 부담을 안았던 소년들은 갑자기 자신들이 누리던 특권도 현실 앞에선 비누거품에 지나지 않는다는 사실을 깨달을 것이다.

일부 학자들은 또한 소년들이 남녀 공학을 거치는 과정에 소녀들 앞에서 소심해지면서 자존감을 잃는다는 점을 발견했다고 주장한다.

틀림없이 이런 관찰과 주장에도 어느 정도의 진리가 담겨 있을 것이다. 그러나 이 주장들은 남녀 공학을 남녀 사이의 경쟁이라는 측면에서 볼 때에만, 말하자면 한 쪽의 승리를 다른 쪽보다 더 유능하다는 점을 뒷받침하는 증거로 받아들일 때에만 타당성을 지닐 것이다.

남녀 공학이 선생들과 학생들에게 이런 식으로 이해된다면, 자연히 이 관행은 해롭게 작용할 것이다. 만일 선생들이 남녀 공학에 대한 이해를 더욱 높이지 못하고 이런 인식을 바탕으로 학생들을 가르친다면, 남녀 공학 실험은 실패할 것이고 남녀 공학에 반대하는 사람들은 그 실패를 자신들의 관점을 뒷받침하는 증거로 받아들일 것이다.

여기서 나는 남녀 공학을 남녀가 미래에 공통의 문제를 놓고 협력할 수 있는 바탕을 마련하기 위한 준비 작업이나 실천의 하나로 보는 것이 바람직하다는 점을 강조하고 싶다.

■ **남자와 여자의 협동**

남자와 여자는
똑같이 신화의 희생자이다

어떤 소년이 뭔가를 성취하려고 노력하다가 난관에 봉착한다고 가정하자. 그러면 소년은 그 어려움을 누구나 다 겪는 불편 정도로 인식할 것이다. 소년이 난관 앞에서 이런 식으로 생각할 수 있다는 것 자체가 엄청난 이점이 아닐 수 없다. 소년은 심리적 균형을 그대로 유지하는 가운데 그 일을 계속 추진할 것이기 때문이다.

이젠 어떤 소녀가 이 소년과 같은 상황에 처해 있다고 가정해 보자. 그러면 소녀는 주변에서만 아니라 자신의 가슴에서도 불안과 함께 "여자라서 그런 거야!"라는 소리를 들을 것이다. 그러면서 소녀는 자신은 노력해 봐야 헛수고만 할 뿐이라는 식으로 쉽게 생각할 것이다. 이런 식의 자기 비하 속에서 인간의 영혼은 절대로 평안을 발견하지 못한다. 그 결과, 소녀는 특권을 누리는 것 같은 남자에게 은밀히 적대감을 품게 된다. 그런데 이 적대감은 반드시 겉으로 드러나게 되어 있다.

남자 쪽에서도 어릴 때부터 여자들보다 우수하다는 점을 증명해야 하는 부담에 시달려온 터라 은밀히 적대감을 품고 있는 여자의 성격에 의심이나 횡포로 대응하게 된다. 그 결과, 남자와 여자는 불필요한 특권을 위해서 무장을 하고, 보호수단을 찾으며, 언제든 사소한 전투를 벌일 준비가 되어 있는 상태에서 살고 있다. 남자와 여자는 경계와 공포를 느끼는 상태에서 패배를 두려워하면서 서로를 부정하고 서로를 적으로 보고 있다.

■ 남자와 여자의 협동

원래 신화의 힘은
무시무시하다

신화란 것은 한번 문화에 스며들었다 하면 온 곳으로 침투하고 온 곳에서 발견된다. 따라서 여성은 열등하다는 신화와 그에 따라 생기게 된 남성 지배가 남녀 사이의 조화를 지속적으로 깨뜨리고 있다. 그 결과 남녀 사이에 팽팽한 긴장이 생겨났으며, 이 긴장은 특히 모든 사랑의 관계를 파고들면서 행복의 가능성을 위협하고 종종 그 가능성을 파괴하고 있다. 우리의 전체 이성(異性) 관계가 이 긴장 때문에 훼손되고 메마르고 있다.

　이것이 조화로운 결혼이 그렇게 드물고 또 아이들이 결혼을 특별히 어렵고 위험한 것이라고 믿는 가운데 성장하고 있는 이유이다. 여자들에 관한 신화와 그와 비슷한 생각들이 종종 아이들이 삶을 진정으로 이해하지 못하도록 막고 있다.

■ **남자와 여자의 협동**

169

사랑과 결혼에서 실패를 겪는
원인은 준비 부족이다

사랑과 결혼에서 일어나는 실패들 중 많은 수는 다른 모든 실패와 마찬가지로 준비 부족에 따른 것이다. 개인 심리학은 성적(性的) 대상을 인정하지 않는다. 사랑과 결혼은 두 명의 동등한 인간 존재가 하나의 단위를 이루는 과제이다. 이 과제는 당연히 두 사람이 사회적 관심을 충분히 갖도록 훈련이 되어 있을 때에만 완수될 수 있다. ■ **남자와 여자의 협동**

사랑은 두 사람이
수행하는 과제이다

남녀 두 사람이 동등한 입장에서 수행하는 과제로서 사랑은 육
체적 및 정신적 끌림과 배타성, 상대방에 대한 전적인 믿음을 요
구한다. 두 사람이 풀어야 하는 이 과제에 대한 해답은 이런 사람
들에게, 다시 말해 친구를 사귀고, 유익한 직장을 얻기 위해 노력
하고, 상호 헌신을 보여줌으로써 올바른 태도를 길렀다는 점을
입증한, 말하자면 사회적 관심을 충분히 갖춘(적응한) 사람들에
게 축복으로 주어지는 선물이다.　　　■ **남자와 여자의 협동**

육체의 기능들은
거짓말을 모른다

파트너에게 성적으로 끌리는 것도 필요하지만, 그 끌림은 어디까지나 인류의 행복을 위하려는 욕망과 조화를 이뤄야 한다. 파트너들이 서로에게 진정으로 관심이 있다면, 성적 끌림이 사라지는 그런 곤경은 절대로 일어나지 않을 것이다.

성적 끌림의 종식은 언제나 관심의 부족을 암시한다. 그것은 그 사람이 파트너에게서 동등하고 다정하고 협력적이라는 느낌을 더 이상 받지 못한다는 뜻이고, 파트너의 삶을 풍요롭게 가꾸고 싶은 마음을 더 이상 갖고 있지 않다는 뜻이다.

가끔 사람들은 상대방에 대한 관심은 지속되는데도 끌림은 사라졌다는 식으로 생각한다. 절대로 진실이 아니다. 입이 거짓말을 하거나 머리가 이해를 하지 못하는 경우는 간혹 있어도, 육체의 기능은 언제나 진실을 말한다. **■ 남자와 여자의 협동**

결혼 관계엔
동료 감정이 꼭 필요하다

결혼을 위한 준비가 제대로 된 사람이라면, 결혼 생활의 과정과 성적 태도는 전적으로 파트너에게 좌우될 것이다. 이때 파트너도 조화를 엮어내는 방법을 잘 알고 있다면, 두 사람은 인생 끝까지 성욕의 그림을 조화롭게 그려나갈 것이다. 그런 예는 무척 드문데, 이는 우리가 후손들에게 결혼에 필요한 교육을 적절히 시키지 않고 있다는 점을 뒷받침하는 증거이다.

두 사람이 조화를 이뤄나가는 경우에, 성욕과 함께 무조건적인 동료 감정이 발달할 것이다. 그러면 두 사람 사이의 차이는 더 이상 문제가 되지 않거나 쉽게 극복될 것이다. 그런 결혼 관계에는 새로운 세대가 들어설 공간도 충분할 것이며, 2세도 똑같이 동료의 감정 속으로 받아들여질 것이다.

성적인 문제도 공통의 해결책을 찾을 것이고, 성적 요구도 명령으로 느껴지지 않을 것이며, 어느 쪽도 자신을 성적 대상으로 느끼지 않을 것이다. 성적 연대감은 말년까지, 60세 이후에 성욕

이 자연스레 사라질 때까지 어떤 방해도 받지 않을 것이다. 성교
는 둘 사이에 어떤 결함도 없다는 점을 증명할 것이고 절대로 피
로나 슬픔의 원인을 제공하지 않을 것이다. ■ **남자와 여자의 협동**

사랑과 결혼은 인류의 행복까지
추구할 수 있어야 한다

누군가 나에게 사랑과 결혼의 의미에 대해 묻는다면, 나는 불완전하긴 해도 다음과 같은 정의를 제시할 것이다.

"사랑과 그것을 최종적으로 성취하는 것인 결혼은 이성의 파트너에게 가장 친밀하게 헌신하는 것이며, 사랑은 육체적 끌림과 동료애, 아이를 가지려는 결정 등으로 표현된다. 사랑과 결혼은 협동의 한 측면인데 이 협동은 두 사람의 행복뿐만 아니라 인류의 행복까지 추구하는 그런 협동이어야 한다."

이 관점, 즉 사랑과 결혼은 인류의 행복을 위한 협동이라는 관점에서 보면 사랑과 결혼 문제의 모든 양상이 분명하게 밝혀진다. 인간의 노력 중에서 가장 중요한 육체적 끌림조차도 인류의 필요 때문에 발달했다.

불완전한 신체로 인해 고통을 겪는 인간은 이 거친 지구 위에서 살아갈 준비를 그다지 잘 갖추지 못했다. 그래서 인간의 생명을 보존하는 최고의 길은 인간을 번식하는 것이다. ■ 남자와여자의협동

환경 자체가 아니라
환경에 대한 해석이 중요하다

어떤 사람이 결혼 생활에 적절한지를 판단하는 기준으로는, 그 사람이 정상적인 가족생활을 통해서 훈련을 제대로 받았는지 여부와 부모나 형제자매를 대하는 태도가 가장 적절하다. 중요한 요소는 그 사람이 사랑과 결혼을 위한 준비를 어디서 했는가 하는 점이다. 그러나 이 요소에도 신중히 접근해야 한다. 사람은 환경에 의해 결정되는 것이 아니라 그 사람이 환경을 해석하는 방식에 의해 결정되기 때문이다. 환경 자체는 나빠도, 환경에 대한 해석은 유익할 수 있다.

그 사람이 부모와 함께 지내면서 경험한 가족생활은 대단히 불행했지만, 그런 불우한 환경이 오히려 그로 하여금 가족생활만은 행복하게 이끌겠다는 식으로 다짐하도록 자극했을 수도 있다. 그러면 그 사람은 결혼을 위해 스스로를 잘 훈련시킬 것이다. 어떤 사람이 성장하면서 불행한 가족생활을 겪었다는 이유로 그 사람을 배제하는 일은 절대로 없어야 한다. ■ **남자와 여자의 협동**

'여자는 수수께끼야!'라는 고백은
남자의 무지를 드러낼 뿐이다

과학적인 글들보다 더 많은 이야기를 들려주는 것이 바로 시인
이나 소설가, 화가, 조각가들의 작품이다. '성경'과 신화, 동화에
서부터 현대의 남녀 작가들의 단편과 희곡, 서정시에 이르기까
지, 성애 문제는 아주 폭넓게 다뤄지고 있으며 앞으로도 계속 다
뤄질 것이다. 그러나 예술도 과학과 마찬가지로 지금까지 거의
전부 남자들의 작품이었기 때문에 주로 여자의 영혼에 대한 남
자들의 지식을 표현하고 있을 뿐이다. 중요한 문제들은 풀리지
않은 채 그대로 남은 상태에서, "역시 여자는 수수께끼야!"라는
고백만 되풀이하게 할 것이다.

이런 의견을 가진 사람들 중에 남자들이 월등히 많다는 사실은
확실히 불행한 일이다. 그래서 여자를 남자의 욕구의 대상으로
전락시키는 예가 종종 보인다. 여자의 임무는 일반적으로 자신
을 아름답게 가꾸고 아이를 낳는 것으로 여겨지고 있다. 더욱이,
성격과 지적 자유, 객관적인 노력, 직업과 공적 생활의 능력 등에

서 여자의 결함이 지나치게 강조되고 있기 때문에 여자란 존재는 거의 전적으로 사랑과 후손을 보살피는 일에만 적절한 것으로 여겨지고 있다.

이 같은 판단은 여자들에게도 영향을 미치고 있다. 여자들도 대체로 남자들이 자신들에게 부과한 역할을 받아들이고 순종하는 것처럼 보인다. 프랑스 소설가 조르주 상드(George Sand)는 이 같은 관행에 반란을 일으키며 이렇게 비판했다. "여자들의 미덕, 그것은 여자들이 남자들의 훌륭한 발명품이라는 것이야!"

■ **남자와 여자의 협동**

우리의 미래와 행복은 삶의 3가지 과제를 어떤 식으로 해결하느냐에 달려 있다

우리의 삶은 3가지 주요 과제를 풀 것을 요구한다. 이 과제들의 해결에 우리의 미래와 행복이 달려 있다.

첫 번째 과제는 가장 넓은 사회적 과제이다. 삶은 모든 사람들에게 행동할 것을 요구하고, 동료 인간들과 접촉하는 능력을 키울 것을 요구하고, 사회적 태도를 형성할 것을 요구한다. 어떤 사람이 자신의 삶에 방향을 제시할 목표로 어떤 종류의 사회적 질서를 정하는가, 또 행동을 하면서 자신의 행복을 어느 정도 생각하고 다른 사람들의 행복을 어느 정도 생각하는가 하는 문제는 그 사람의 운명에 아주 중요하다. 중요한 것은 그 사람이 인간 공동체를, 말하자면 가장 넓은 의미의 동료 인간들을 위해 하는 행동이다. 그 사람이 인간 공동체에 대해 그냥 생각하고 있는 것은 중요하지 않다.

삶의 두 번째 과제는 일이라는 과제이다. 즉 사람이 자신의 능력을 일반 대중에게 이바지하는 쪽으로 어떤 식으로 발휘할 것인가 하는 문제가 삶에서 중요한 것이다. 이 문제의 해결이 그 사람의 본질을 가장 분명하게 보여준다. 예를 들어, 어떤 젊은이가 모든 직업을 놓고 혐오스럽다고 판단한다면, 우리는 잠정적으로 그를 우리의 동료로 적절치 않은 사람으로 볼 것이다. 왜냐하면 그가 아직 사회를 위할 만큼 충분히 성숙하지 않았기 때문이다.

모든 사람이 풀어야 하는 삶의 세 번째 과제는 사랑과 결혼의 문제이다. 아이는 성장하면서 점진적으로 이 문제와 맞닥뜨리게 된다. 아이의 주변 환경은 사랑과 결혼의 관계들로 넘쳐난다. 아이는 생후 몇 년 째 접어들면서부터 이 문제에 어떤 입장을 취하려 시도하면서 스스로에게 방향을 제시할 것이다.

■ 남자와 여자의 협동

177

잘못을 과도하게 거꾸로
돌려놓는 것 역시 잘못이다

경험과 지식은 좋은 쪽으로도 쓰일 수 있고 나쁜 쪽으로도 쓰일 수 있다. 잘못을 과도하게 거꾸로 돌려놓는 것 역시 잘못이다. 무엇인가를 억누르며 말을 하지 않는 태도의 반대는 솔직성이며, 그래서 솔직함으로 인해 잘못을 저지르는 사람도 있기 마련이다. 그런 사람들은 언제나 자기 자신을 다른 사람들에게 드러낸다.

사랑을 공개적으로 고백하는 것은 매우 멋진 일임에도, 복잡한 우리 문화에서 자신을 고스란히 드러내는 것은 중대한 실수이다. 이유는 그런 식으로 자신의 모든 것을 드러내는 고백을 감당할 수 있는 사람이 결코 없기 때문이고, 또 그런 식으로 성급하게 사랑을 고백한 사람이 후회의 고통과 거기에 따른 억제의 부담을 안아야 할 뿐만 아니라 본인의 사랑 충동 때문에 애꿎은 사람을 불안하게 만들기 때문이다.

사회 전반에 팽배한 사랑의 남용과 남녀 사이의 긴장과 투쟁 때문에, 상대방은 그 고백이 순수한지 아니면 고백 뒤에 사악한

238

의도가 숨어 있는 것은 아닌지 절대로 확신하지 못한다. 불변의 법칙 같은 것은 절대로 없다. 우리는 파트너의 특성을 고려해야 하고, 우리 문화의 조건을 따라야 한다. 오늘날엔 자신의 의향을 다소 비밀로 하는 것이 바람직한 것 같다. ■ **남자와 여자의 협동**

인류의 행복을 고민하는 사람은
아이를 갖는다

인간 존재들이 존속을 확보하는 한 방법은 아이를 갖는 것이다. 따라서 인류의 행복에 관심이 큰 사람들이 아이를 갖는 경향을 더 강하게 보인다. 당연히, 동료 인간 존재들에게 의식적으로나 무의식적으로 관심을 갖지 않는 사람은 생식에 따른 부담을 지지 않을 확률이 높다.

언제나 요구만 하고 절대로 베풀지 않는 사람들은 아이를 좋아하지 않는다. 그들은 오직 자기 자신에게만 관심이 있으며, 아이들을 성가신 부담으로, 다시 말해 그들이 자신에게 계속 관심을 갖지 못하게 방해하는 그런 존재로 여긴다.

따라서 사랑과 결혼 문제의 완벽한 해결을 위해선 아이를 갖겠다는 결정이 필요하다고 할 수 있다. 훌륭한 결혼이야말로 인류의 미래 세대를 키우는 데에 최선의 수단이다. 결혼은 언제나 이점을 고려해야 한다. ■ **남자와 여자의 협동**

어머니의 역할에 대한
적절한 보상은 결코 가능하지 않다

어머니의 역할을 통해 인류의 삶에 기여하는 여자는 인간의 분업에서 다른 그 어떤 사람 못지않게 높은 자리를 차지하고 있다. 만일 어머니가 아이들의 삶에 관심을 갖고 아이들에게 동료 인간이 될 길을 닦아주면서 아이들의 관심을 확장시키고 서로 협동하도록 훈련시키고 있다면, 그녀의 일은 너무나 소중하기 때문에 어떤 것으로도 결코 적절히 보상받지 못한다.

우리 문화에서 어머니의 일은 과소평가되고 있으며 종종 매력적이거나 소중한 직업으로 여겨지지 않고 있다. 어머니의 일에 대한 보상은 오직 간접적으로만 이뤄지고 있으며, 어머니의 일을 본업으로 삼고 있는 여자는 일반적으로 경제적으로 의존하는 위치에 있다. 그러나 가족의 성공은 어머니의 일과 아버지의 일에 똑같이 달려 있다. 어머니가 가정을 꾸리든 아니면 독립적으로 일을 하든, 그녀가 어머니로서 하는 일의 역할은 남편의 일보다 결코 더 낮지 않다.　　　　　　■ 삶의 의미

인간의 모든 발달은
분업의 발견에서 시작되었다

우리가 분업이라는 위대한 발견을 이룰 수 있었던 것은 오직 협동하는 것을 배울 수 있었기 때문이다. 분업이야말로 인류의 행복을 보장하는 최고의 안전장치이지 않은가.

인간이 협동을 통해 이룬 과거의 결실이 전혀 없는 상태에서 각 개인이 혼자 힘으로 살아가야 하는 상황이라면, 인간의 생명을 보전하는 것은 불가능할 것이다. 분업을 통해서 우리는 다양한 종류의 훈련에 따른 결실을 이용하고 또 다양한 능력들을 인류의 행복에 기여하고 사회의 구성원 모두에게 기회를 확대하는 방향으로 조직할 수 있다. ■ **삶의 의미**

아이를 원하지 않는 사람은
아이를 낳지 마라

자신이 부모가 원하지 않은 아이였다는 사실이 많은 사람들의 삶에 독(毒)으로 작용하고 심각한 심리적 장애를 일으키는 씨앗이 되고 있다. … 순전히 이런 아이들을 위해서 나는 모든 여자들에게 솔직하게 말한다. "아이를 원하지 않으면 아이를 가질 필요가 없어요." 이 말은 아이를 원하는 여자만이 아이에게 훌륭한 어머니가 될 수 있다는 뜻을 달리 표현한 것이다.

■ 아들러의 개인 심리학